國家地理終極旅遊

全球50大
浪漫旅遊體驗

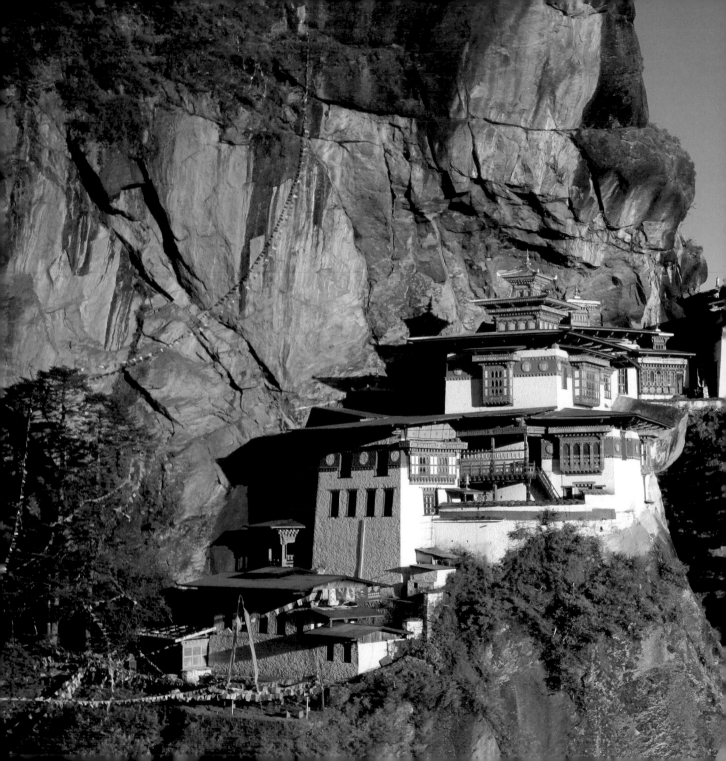

NATIONAL
GEOGRAPHIC

國家地理終極旅遊

全球50大
浪漫旅遊體驗

The World's Most Romantic Destinations

作者：艾比‧科左契克（Abbie Kozolchyk）

翻譯：賈可笛‧邱思潔

大石文化 Boulder Media
an IDG company

目錄

1頁：從格麗蒂宮飯店（Gritti Palace Hotel）的屋頂露臺上，飽覽威尼斯美景，或是下水泡一泡。
2-3頁：坐落在懸崖上的不丹虎穴寺（又稱塔克桑寺〔Paro Taktsang〕）右頁：造訪雪國瑞典，有很高的機率會看見極光。

前言
遁入浪漫時空

刻意展現浪漫的舉動向來不能打動我；但是旅行醉人的感覺，幾乎就像開始一段新戀情時那樣令人意亂情迷，總是會讓我心甘情願淪陷。於是，在認識愛情以前，我就愛上了旅行。我愈來愈迷戀旅行帶給我的特殊感受——在飛機降落、護照上被蓋了章時，心底會升起一股期待未知的狂喜。一路走來，我體驗過愛情各個階段最極致的情緒：癡迷、暴怒、熱情、心碎，最後找到理想的愛，塵埃落定，像一杯醇美的酒。＊在世界各地旅遊，經歷這些階段，會賦予每個目的地更深刻的新意義。旅行不只是一起感受新的地點，而是讓一起待過的地方，遇過的人，聽過的音樂，閒逛過的街道，嚐過的美食……全都成為兩人共同的記憶，以及只有對方才懂的小玩笑。和心愛的人一起踏上旅程，最重要的意義是為未來的時光創造回憶。

這本美麗的書，就是針對旅行中的浪漫時光而寫；書中推薦的目的地以季節來編排，除了便於規畫行程，也能

啟發靈感。選對季節造訪心儀的目的地，能讓旅遊的體驗更加深刻。誰不想春天時漫步在巴黎或倫敦的街道上、夏天時到壯闊的維多利亞瀑布探險？又有誰能抗拒紐約中央公園秋天時甜美辛香的空氣，或是加勒比海溫暖沁人的夜晚？

最佳的感情關係，是在安全和冒險之間維持一種動態的平衡；沒有比和伴侶一起旅行，更能同時經歷這兩種感覺的方式了。我希望讀者能透過這本書找到火花，攜手漫步在兩人都能充分感覺到生命力的地方。

——《國家地理》雜誌都市達人
（National Geographic's Urban Insider）
安妮‧費茲西蒙斯（Annie Fitzsimmons）

左圖：到葡萄牙亞述群島（Azores）的馬特羅農場飯店（Quinta do Martelo）品嚐西班牙小菜（tapas）。右頁：薩摩亞群島（Samoa）美麗的海水和柔軟的沙灘，是浮潛與散步的最佳地點。

旅行中最浪漫的事

浪漫的定義因人而異。對某些戀人而言，最完美的浪漫是在巴黎的餐廳一角享用燭光晚餐；有人則喜歡在偏遠的沙漠中嘗試豪華露營（glamping），或是徜徉在一片由棕櫚樹包圍起來的白色沙灘上；也有人相信只要和對的人在一起，任何地方都是愛情聖地，或許這樣的人才是最浪漫的。這本書就是為了上面這幾種人　以及在這幾種極端之間的所有人　而寫。我們編選這本書的目標，是要篩選出全世界最浪漫的旅行地點中的佼佼者。這些地方出自地球上的每一個大陸（南極洲除外），適合每一種旅行目的：求婚、舉行婚禮、度蜜月、二度蜜月、私奔、重溫舊情、慶祝紀念日、空巢期出遊，以及其他步入人生新階段的伴侶。我們在書中盡可能賦予經典景點足夠的新意（見在倫敦的空中起舞，第44頁），同時也選錄了許多不落俗套的行程（見莫三比克遊船，第104頁），即使是經驗豐富的旅行者也會感到驚喜。

我們也沒有忘記喜歡美食、極限運動、文化藝術、音樂、品酒、登山健行、浮潛、潛水、划獨木舟、野生動物、詩歌、作白日夢、奇幻文學……以及上述各種組合的人。比方說，假使你認為旅行中最浪漫的事，是找到幫彼得．傑克森執導的「魔戒」系列電影打造至尊魔戒的珠寶師所設計的小飾品，然後用來求婚的話，我們已經幫你安排好了（見紐西蘭南島，200-203頁）。說不定你心目中最理想的旅行行程是造訪中世紀的巧克力聖地，有高聳的鐘樓，運河中見得到天鵝悠遊（見布魯日，56-57頁）；或是在1萬2600立方公尺的水傾瀉而下，注入110公尺深的峽谷中時，走過橫跨在水幕上的彩虹（見維多利亞瀑布，86-89頁）。

無論你對浪漫的想像是什麼，都能在本書中找到對應的目的地。所以無論你是剛展開一段戀情、要幫現在的感情升溫，還是讓舊情復燃，只要翻開這本書，你就能預想在旅途中可能得到哪些體驗。或者更棒的是，可以和你打算一起出遊的伴侶舒服地窩在沙發上，一起瀏覽書上的景點，開心地爭論該去加勒比海還是考艾島，南太平洋還是東南亞，不丹還是玻利維亞？（這肯定是戀人間最浪漫的爭執了。）

有了靈感之後，就要開始計畫。如果你想在滿月的月光下欣賞泰姬瑪哈陵，一定要在夠早之前搶下一票難求的入場券。如果你想趁嘉年華期間在里約街頭漫舞森巴，就得趕緊訂房。即使離出發時間還有好幾個月，但對旅行的期待本身就是一種浪漫。

那麼現在就好好坐下來，準備安排一趟畢生難忘的旅程吧！

在布拉格的舊城廣場，漫步在華麗的市政廳與泰恩教堂（Ty'n Church）之間，浪漫氣氛俯拾皆是。

在義大利五漁村（Cinque Terre）中的
馬納羅拉（Manarola）村欣賞色彩繽紛
的日落景致。

春天
SPRING

法國

巴黎

祕密花園、河濱漫步以及浪漫之旅

從路易‧阿姆斯壯到迪恩‧馬丁，幾乎每個情歌聖手都灌錄過〈四月在巴黎〉（April in Paris）這首歌，不是沒有原因的。如果你擅長追求浪漫，那麼春天時的這座愛之城，簡直就是你發掘浪漫元素的金礦，如同歌詞上說的：花團錦簇的栗樹，野餐的人愈來愈多，連心都在歌唱。面對這些，哪個熱戀中的人能不投降？不論歌詞描繪得多誘人，現場的感受毋寧更加深刻。

春天時親自走一趟塞納河畔，這是一年中最適合漫步與騎自行車的季節；或者到塞納河右岸時髦的瑪黑區（Le Marais），這裡盡是狹窄蜿蜒的巷弄、百花盛開的祕密花園和新潮的商店；或者到布洛涅森林（Bois de Boulogne），這是由王室御用庭園改建成的公園，園內有城堡、湖泊，春天到秋天還可以划船。不過巴黎人最大的福氣是擁有蒙馬特（Montmartre），這個位於高地上的區域除了是宗教聖地聖心堂（Sacre-Coeur）的所在地，光是在這裡俯瞰巴黎就是一種心靈昇華的體驗之外，還有世俗聖地愛之牆（Wall of I Love Yous），牆上用250種不同的文字寫著「我愛你」這三個舉足輕重的字。就某個角度而言，這面黑色的大磚牆正是巴黎的精華：只要造訪巴黎這個小角落，就能看見整個浪漫世界。

左上圖：巴黎的橋下有很多可以讓人躲起來偷偷接吻的地方。中上圖：紅孩兒市場（Marche des Enfants Rouges）是巴黎最古老的市場，有許多賣花的攤位。右上圖：在蒙索皇家酒店（Royal Monceau）總統套房享用客房服務提供的早餐。

塞納河畔的日落風光，有美麗的橋梁，和背景中美得令人屏息的艾菲爾鐵塔。

行程規畫

住宿 • 蒙索皇家酒店的入口玻璃華蓋掛著兩排紅色燈籠，進入大廳還可看到一座從地板延伸到天花板的花藝作品——這樣的第一印象絕非裝腔作勢。你會感覺到這間酒店處處洋溢熱情，包括客房都是隔音的，還附有吉他，以防你或你的另一伴突然想要唱情歌。連酒店的甜點都讓人感到激情，是由法國糕點界的畢卡索皮埃爾 • 艾爾梅（Pierre Herme）監督製作。事實上，這裡的性感氛圍營造得非常藝術，從酒店走出來之後你會訝然發現，原來不遠處就是香榭麗舍大道（Champs-Elysees）。
Leroyalmonceau.com

美食 • 餐廳的建築原是法王路易十五的軍事建築師在1728年建造，後來成為拉法葉侯爵（Marquis de Lafayette）生前最後的居所。餐廳內燈光昏暗、充滿故事的餐室，招待過從拉丁美洲革命英雄玻利瓦（Bolivar）到小說家司湯達爾（Stendhal）等無數知名人物，擺滿了各時代的精美藝術品與家具，這裡的法式亞洲式混和料理，不斷吸引內行的國家元首級人物和藝術家慕名而來。
restaurant-1728.com

娛樂 • 跟蒙索皇家酒店借一輛免費腳踏車，或者到Velib公共腳踏車租借站租用，沿著塞納河從艾菲爾鐵塔（Eiffel Tower）騎到巴黎聖母院（Notre Dame），或騎在綠蔭環繞的聖馬丁（St-Martin）運河邊，這一帶著名的平轉橋和船屋在傍晚時分看起來特別浪漫。想要有導遊帶領的話，可參加寬胎自行車導覽行程（Fat Tire Bike Tours）。
paris.fattirebiketours.com

西歐

莫哲勒河

遊一條河，走訪三個國家，品嘗無數美酒

從山坡上其中一座葡萄園，可以俯瞰莫哲勒河河谷景緻。

任何一個強大的帝國都明白：想在偏遠的地方駐軍，絕對要能給軍營供應當地的上等美酒，因此早在兩千年前，莫哲勒河多霧而陡峭的河岸上就出現了這些羅馬時代的葡萄園。這條河每經過一個國家就換一個名字：在德國稱作莫瑟爾（Mosel）、在盧森堡是摩瑟爾（Musel），在法國則是莫哲勒（Moselle）。自羅馬帝國初期至今，本區的葡萄栽培活動幾乎未曾中斷──栽培者從中世紀的修道士，一直到21世紀生產麗絲玲白酒的酒莊，因此傳統上來這裡旅遊一定會參加品酒活動。不過近幾年來，尤其是春天的時候，開始出現第二項熱門目標：戶外活動。你可以划獨木舟從一個村子到另一個村子，在激流中划輕艇，不怕吃苦耐勞的還有一條363公里長的健行步道可以走，即莫瑟爾步道（Moselsteig）。

這條近期剛啟用的健行路線，跨越了莫哲勒河在德國這一側的整個河岸，串連了最受歡迎的當地旅遊景點；整條路分成24段，其中最短的一段能在一天內輕鬆走完，但不管選擇哪一段都不會後悔，因為步道全程幾乎都有陡峭的河岸階地，可欣賞美不勝收的景色。

若想領略一下，可以試試內夫（Neef）與埃迪格

品酒是遊覽莫哲勒河的必訪行程，尤其是能看到由城堡改建的施洛斯伯格維克多酒店（Victor's Residenz-Hotel Schloss Berg）的葡萄園更是不能錯過。

爾－埃萊爾（Ediger-Eller）之間約11.5公里的路段；這段路一開始你會走得喘不過氣，後來則是美得讓你喘不過氣。你會經過歐洲最陡峭的葡萄園——布雷默卡爾蒙特（Bremmer Calmont），抵達大概是歐陸最美的景色之一：藍寶石鏡面般的莫哲勒河形成髮夾彎，通過腳下層層的翠綠山谷。

另一條較短的路線是特賴斯－卡爾登（Treis-Karden）到莫瑟爾克爾恩（Moselkern）之間的8公里路程。走在這條路上你不只會看到河岸邊的白色地標：莫哲勒大教堂（Moselle Cathedral），它的前身是聖卡斯多基礎教會（Saint Castor's Foundation Church），還能看到中世紀的艾爾茲堡（Burg Eltz castle）。這座城堡由於地點隱蔽而未受戰爭波及，現在也成了令人景仰的建築；鄰近的眾多城堡皆已毀於戰火。而且它目前由創始家族第33代繼續擁有，是個相當不錯的紀錄。

同樣在這莫哲勒步道上的還有德國最古老的城鎮特里爾（Trier），這個鎮的前身是羅馬帝國的軍營，坐火車或開車也很容易抵達，鎮上不乏2000年以上的人類遺跡，其中有羅馬澡堂、一座雄偉的城門與圓形劇場，還有大量紀念卡爾·馬克思的標示牌（這裡是他的出生地）。

在酒鄉漫步了這麼久，要是口渴了，到處都找得到解渴的方式：可以租腳踏車逐一造訪酒莊，也可以參加多日的遊河行程，到每個停靠港發掘新的品酒地點。但所有行程中最夢幻的或許是搭乘熱氣球，將這條河在盧森堡境內

最上等的麗絲玲白酒（Riesling）就在莫哲勒葡萄酒產區。

的美景盡收眼底，降落之後還能馬上享受一大杯此區著名的氣泡酒。

行程規畫

住宿 • 蒙索皇家酒店的入口玻璃華蓋掛著兩排紅色燈籠，進入大廳還可看到一座從地板延伸到天花板的花藝術品——這樣的第一印象絕非裝腔作勢。你會感覺到這間酒店處處洋溢熱情，包括客房都是隔音的，還附有吉他，以防你或你的另一伴突然想要唱情歌。連酒店的甜點都讓人感到激情，是由法國糕點界的畢卡索皮埃爾·艾爾梅（Pierre Herme）監督製作。事實上，這裡的性感氛圍營造得非常藝術，從酒店走出來之後你會詫然發現，原來不遠處就是香榭麗舍大道（Champs-Elysees）。
Leroyalmonceau.com

美食 • 餐廳的建築原是法王路易十五的軍事建築師在1728年建造，後來成為拉法葉侯爵（Marquis de Lafayette）生前最後的居所。餐廳內燈光昏暗、充滿故事的餐室，招待過從拉丁美洲革命英雄玻利瓦（Bolivar）到小說家司湯達爾（Stendhal）等無數知名人物，擺滿了各時代的精美藝術品與家具，這裡的法式亞洲式混和料理，不斷吸引內行的國家元首級人物和藝術家慕名而來。
restaurant-1728.com

娛樂 • 跟蒙索皇家酒店借一輛免費腳踏車，或者到Velib公共腳踏車租借站租用，沿著塞納河從艾菲爾鐵塔（Eiffel Tower）騎到巴黎聖母院（Notre Dame），或騎在綠蔭環繞的聖馬丁（St-Martin）運河邊，這一帶著名的平轉橋和船屋在傍晚時分看起來特別浪漫。想要有導遊帶領的話，可參加寬胎自行車導覽行程（Fat Tire Bike Tours）。
paris.fattirebiketours.com

摩洛哥

馬拉喀什

彎曲的小巷弄、香氣四溢的塔吉燉菜、令人流連忘返的巴剎市場，以及祕密花園

若旅行的意義真的像雷・布萊伯利（Ray Bradbury）所說，「我們為浪漫而旅行，為建築而旅行，為迷路而旅行」，那麼三者兼備的馬拉喀什絕對是旅行的完美地點。馬拉喀什城內建築使用的玫瑰紅砂岩，在黃昏的落日映照下閃耀著迷人的光，讓它有了「紅城」（Red City）的美稱。已有千年歷史的舊城區（Medina）就座落在紅城的中心位置，時至今日已經發展成一座巨大的迷宮，適合戀人前來共同探索。你會不知不覺迷失在此地變化多端、四通八達的中庭裡，在迂迴曲折、滿是塵土的市集裡，在霧氣瀰漫的私人阿拉伯澡堂裡。

其實，你能在馬拉喀什體驗到的一切，幾乎都和浪漫、建築、迷失方向密不可分。其中最具代表性的，非巴希亞宮（El Bahia）莫屬。El Bahia原意是「美麗的」、「光芒四射的」；這座宮殿是19世紀的一位大臣出資興建，以他最寵愛的妻子為名，徵召國內最優秀的工匠，費時近六年才完工。如果這座建築的美真的能與它的命名靈感相提並論，那麼她的美肯定非同小可。

知名小說家伊迪絲・華頓（Edith Wharton）是最先將這個地點推薦給旅客的人之一；她寫的《摩洛哥》（In Morocco）是第一本英文的摩洛哥旅遊導覽書。她顯然經常接觸浪漫場景，在書中大力讚揚此地美麗的雕花石膏、陶瓷拼貼以及鎏金雪松木裝飾，並且滔滔不絕地稱頌

左上圖：阿里班約瑟夫神學院（Medrasa Ali Ben Youssef）這種繽紛的磁磚牆面，點綴了馬拉喀什的建築。中上圖：在阿拉伯之家飯店學習料理塔金燉魚。右上圖：亞特拉斯山脈是很上相的背景。右頁：伊夫・聖羅蘭的骨灰就撒在馬裘黑花園中。

這裡「表面以磁磚和灰泥裝飾的拱廊建築，在慵懶的薄暮微光下，時間在噴泉不絕的樂聲中流逝」。

　　但別被這樣的流逝耽擱太久，否則你會錯過舊城的另一個重頭戲：入夜時的德吉瑪廣場（Jemaa el Fna）。這是個往四面八方蔓延的露天市集，著名的庫圖比亞清真寺（Koutoubia Mosque）尖塔就聳立在市集上。當夜幕降臨，全城最棒的表演都集中在這裡：弄蛇人、算命師、流浪樂手，族繁不及備載。所以不妨手牽手，向前走，一起陶醉在這個數百年如一日的奇幻場景之中。

　　其他值得迷路的好地方還有露天市場的拱門與巷弄，可以見到金銀絲細工做成的各種小物、刺繡上衣、尖頭拖鞋、有寶石光澤的茶具組、一座座香料堆成的圓錐形小山，還有最夢幻的：當地特產的橙花精油。有一點要記得，如果你在露天市場的藥妝店買一瓶精油，別忘了享受隨附的贈品──五分鐘的肩頸按摩服務。

　　若想要遠離喧囂更久一點，推薦你搭乘卡萊什（caleche）馬車，從舊城區到新城區去，在這裡可以看見最精緻的法國殖民時代遺跡。前往會令人聯想到電影《北非諜影》的郵局大咖啡館（Grand Cafe de la Poste）2，享用一杯咖啡歐蕾或餐前酒。接著來到馬裘黑花園（Jardin Majorelle），這裡曾是伊夫‧聖羅蘭（Yves Saint Laurent）和皮耶‧貝爾傑（Pierre Berge，是聖羅蘭的終生伴侶，也是品牌YSL的共同創辦人）的故居，展開一場摩洛哥式的奇幻冒險，參觀亮藍色的建築、棕櫚樹下的荷塘、綠葉成蔭的棚架小徑。也別錯過有些人認為最浪漫的部分：那是一間隱密的畫廊，展示聖羅蘭親自設計的節日賀卡。連續46年，他每年都設計一款新的賀卡，但卡片的正面始終是那個字──愛。

夕陽餘暉灑在德吉瑪廣場的小吃攤上──這裡被聯合國教科文組織列為世界遺產（UNESCO World Heritage）。

左頁：可以在皇家曼蘇爾飯店內一片祥和的水療中心好好放鬆。上圖：飯店奢華的外觀和燭光映照的步道。

行程規畫

住宿 • 皇家曼蘇爾飯店（The Royal Mansour）提供奢華的傳統庭園式別墅（riad，一種摩洛哥傳統建築，附有鋪設馬賽克磚的庭園及噴泉），但也包括不那麼傳統的部分，比如頂樓的私人泳池和跳水臺，擁有完美視野，能看見附近清真寺的宣禮員（muezzin）在喚拜塔（minaret）呼拜的身影。公共區域也同樣令人讚嘆，尤其是飯店大廳和夢幻而壯麗的倒影池（reflecting pool）。
royalmansour.com

美食 • 阿拉伯之家飯店（La Maison Arabe）格局散漫的不規則摩洛哥庭園式別墅建築，飯店內共有三間餐廳。其中最迷人的莫過於「三口味」餐廳（Les Trois Saveurs），露臺俯瞰掛著燈飾庭園與泳池，供應摩洛哥、法國、亞洲美食，讓食客大快朵頤（菜單範例：雞肉塔吉鍋燉菜佐桃乾和榛果樹油（argan oil））。另外，因為太多食客被這裡的菜色迷得神魂顛倒，紛紛向店主詢問各種美食的做法，這裡現在也開設傳統摩洛哥料理烹飪班。
lamaisonarabe.com

娛樂 • 亞特拉斯山脈（Atlas Mountains）除了作為馬拉喀什城外山頂覆雪的壯麗背景以外，山上柏柏族（Berber）村落及四下蔓延的莊園、土地，也是夢幻一日遊行程的絕佳目的地。到理查・布蘭森(Richard Branson) 的塔馬多特堡飯店（Kasbah Tamadot），在壯闊廣袤的美景前享用茶點。
kasbahtamadot.com

哥斯大黎加

奧薩半島

海灘和雨林的奇幻天地

哥斯大黎加西岸科可瓦多國家公園
（Corcovado National Park）的岩灘。

到哥斯大黎加旅行時，Pura vida是最重要的兩個字，直譯是「純粹的生活」，而蘊藏的意義則是：「在這美得不可思議的人間仙境，人生絕對精彩」，不但是哥斯大黎加舉國的座右銘，也是一句歡迎，一語再會，一聲乾杯祝酒，一下口頭擊掌，以及通用的流行語。在什麼情境下，你們倆最可能用到Pura vida呢？有人問「你好嗎？」的時候——尤其是在奧薩半島（Osa Peninsula），也就是熱帶雨林與太平洋海岸交界。身在這裡，四周環繞著猩紅的金剛鸚鵡、藍色的蝴蝶、翠綠的藤蔓，以及湛藍的大海，當少數闖入的人突然開口問：「Comoesta?」（你好嗎？），除了一聲pura vida以外，似乎再也沒有別的字句足以回答。

儘管清晨的喚醒服務和恬適宜人的避世旅行似乎背道而馳，但不如破個例吧：日出時的鳥景，值得離開被窩，一睹為快。你能看見史文森巨嘴鳥（chestnut-mandibled toucan），藍頭、黑冠、紅額鸚鵡，紫喉的電綠傘鳥（cotinga），以及數以百計不同種類的鳥（奧薩半島共有375種左右）。然而即使錯過日出，日落時分也是賞鳥的絕佳時刻。

整個白天，還有許多其他的自然美景任君挑選。可以

即使只是為了在祕密瀑布下游泳，健行穿越哥斯大黎加雨林還是必遊行程。

健行、游泳穿越卡波尼拉河（Carbonera River）上的瀑布；也可以在雷曼索峽谷（Remanso Canyon）中四座瀑布玩繩索下降，感受最後一段20公尺陡降墜入湍急流水的刺激。

觀海星的行程則和刺激冒險截然相反，但同樣令人驚嘆。這種生物大量分佈在奧薩半島的杜爾塞灣（Golfo Dulce）；退潮時漫步在海灘，就像是踏入了海星組成的銀河一般。

如果想要更貼近距離海灣裡其他著名的生物（包括魟魚和鯊魚），就不得不下水了；但你肯定不排斥這麼做，因為這裡的海水既清澈又溫暖（水溫一般都在攝氏29度）。也有遊覽船能載遊客到觀賞海豚與浮潛的最佳地點（見娛樂）。

除了令人無法自拔的海洋以外，這裡的樹梢枝葉也頻頻召喚遊人。既然身在叢林溜索（zip-lining）的發源地，怎麼能不找個時間整裝出發呢？這是難以抗拒的行程。米拉馬爾樹冠層（Miramar Canopy）是極佳的選擇，有五條鋼索帶你滑過近1.6公里的原始雨林。

離開樹冠層，轉移目光，花一點時間在雨林中漫步，抬頭仰望共四種不同的猴子，以及兩種以樹梢為家的樹獺。這裡有許多步行導覽行程可供選擇。

當然，有時候雨林是個「眼見不如耳聞」的地方——尤其是當你正蜷身窩在四柱床裡，床上掛著蚊帳網幔的時候。青蛙嘓嘓，蟋蟀唧唧，蟬聲與海浪齊奏，是世上最浪漫的配樂，也說明了為什麼pura vida能夠成為本地最流行

從拉帕里奧斯（Lapa Rios）小屋望向雨林的景色。

的詞彙。

行程規畫

住宿●拉帕里奧斯酒店（Lapa Rios）獲選為國家地理旅遊全球精選特色飯店（National Geographic Unique Lodge），是一系列附設陽台的別墅小屋，坐落於400公頃的私人雨林保護區內。在這裡，屏風與木造梁柱取代了牆壁；扇子與海風取代了空調；日出時的鳥鳴聲取代了鬧鐘——浪漫不需刻意經營就唾手可得。但如果想要更濃烈的浪漫氛圍，可以安排在瀑布旁享用私人午餐，在俯瞰雨林和太平洋的小木屋裡享受雙人按摩，或者騎馬遊海灘。
laparios.com

美食●格蘭諾德奧羅飯店（Grano de Oro）位於首都聖荷西（San Jose）進出哥斯大黎加的必經之地。餐廳設在維多利亞式熱帶建築內，廣受歡迎，當地人也會在這裡慶祝特殊節日，沐浴在庭園的彩色燈飾下，享用餐廳特選菜色（建議嘗試搭配當地有機香草的烤布蕾），以及全國最好的酒單之一。

娛樂●搭船與乘浪的海豚並肩前行，接著到附近的礁石浮潛——旅行社Changing Tide Tours會帶你到這兩個體驗的最佳地點。
changingtidetours.com

南卡羅來納

查理頓

滿綴尖塔的天空、瀰漫木蘭花香的街道，以及最前衛的美食

南卡羅來納（South Carolina）州低地的名作家派特・康洛伊（Pat Conroy）寫道：「沒有人能徹底擺脫查理頓（Charleston）撩人的亞熱帶風情。」第一眼看見查理頓沿路成行的棕櫚樹及18世紀建築，就會心領神會他的意思。尤其是在春季：空氣裡飄著紫藤、茉莉、山茶、木蘭花的香氣。此地的魅力還不僅於此；優雅的尖塔高聳入雲，這個安適的南方小鎮因而以「聖城」（Holy City）的別名廣為大眾所知。此外，古雅的歷史建築之中，一排排開設了色彩繽紛的時尚餐廳、美術館、精品店等。

當然還有位於城外約30分鐘車程的17世紀木蘭種植園（Magnolia Plantation），是美國境內最古老的公共庭園之一。園內遍布浮島、慵懶的短吻鱷以及鮮豔的杜鵑，木蘭種植園是這個城市難以磨滅的歷史象徵。預留幾個小時，信步漫遊蒼翠的野生庭園，在梔子花下親吻。接著，開車回到城裡，享用一些當地最具代表性的點心：甜芝麻薄酥餅乾（benne wafers）、蜜糖核桃（glazed pecan）、19世紀市集（City Market）販售的堅果糖（praline），或是平凡酒吧（The Ordinary）供應的半殼牡蠣。之後再到普蘭特斯飯店（The Planters Inn），用一片椰子蛋糕為這個夜晚畫下句點吧！康洛伊果然有先見之明──你一定會想再回來的。

左上圖：查理頓的街道兩旁都是色彩繽紛、歷史悠久的房屋，就像這幢建於1770年的橘色房子。中上圖：黃昏時，海濱公園（Waterfront Park）的鳳梨噴泉（pineapple fountain）。右上圖：在查理頓市集（City Market）裡，可以買到手工編織的茅香藍子。

薄暮時分的法國區（French Quarter）——許多歷史建築與最美味的餐廳，都聚集在這裡。

行程規畫

住宿 • 普蘭特斯飯店坐落在城內歷史區的中心位置，19世紀的市集搖身一變，成為21世紀的度假飯店。飯店裡的浪漫元素俯拾即是：燈飾裝飾的庭園、廣場內的柱廊，以及貝克傢俱（Baker furniture）推出的查理頓歷史傢俱系列（Historic Charleston Collection）（此系列傢俱將資助當地建築的維護費用）。
plantersinn.com

美食 • 頂樓景觀廚房暨酒吧（The Watch Rooftop Kitchen & Spirits）是查理頓市最高的餐廳，位在歷史區的里斯特拉金飯店（The Restoration）頂樓。單是尖塔全景的景觀就已值回票價，傍晚黃昏的景色尤其壯麗。除此之外，餐廳還從南卡低地傳統美食變化出創新的菜色——例如酥炸玉米球（hush puppies）佐自製甜椒乳酪（pimento cheese）和辣椒凍（pepper jelly）——以及調製技巧高超的雞尾酒。
therestorationhotel.com

娛樂 • 在港邊登上傳統的高桅船，從另一個視野絕佳的位置俯瞰整座城市。如果造訪的時剛好碰到滿月，可以考慮搭乘以下兩種海港遊輪：日落遊船（Sunset Sail）與月光遊船（Moonlight Sail）。
schoonerpride.com

日本
京都
櫻花天堂

清水寺（Kiyomizu-dera Temple）
大門外的櫻花。

31

京

都這個城市，無論何時何地，都具有不可思議的魔力（見文中的寺廟、茶屋，以及朱紅色千本鳥居〔torii〕）。3月底到4月初之間，整座城市將沐浴在櫻花仙塵中，令人無力抵擋它的魔咒。京都櫻花的魅力難以抗拒，無處不在——沿著運河與步道，圍繞廟宇和寺院，在一座又一座的公園盛放。明明打算去博物館參觀，最後卻不由自主地徘徊戶外，迷失在樹梢枝頭上各種深淺不一的淡粉、桃紅花海中，無法自拔。京都是營造完美氣氛的據點；境內許多知名的賞花景點，都令人流連忘返。不妨去哲學之道（Philosopher's Path）走走吧！這條緊鄰渠水的散步小徑，兩端矗立著數百年歷史的寺廟，沿途櫻花樹與露天咖啡廳林立。

此外，還有祇園這個景點，以藝子（geiko）和舞子（maiko）（外地人則稱為藝妓〔geisha〕，也就是一般大眾所熟知的稱呼），以及古老的後巷茶屋著稱。除了晚間的點燈行程（見娛樂）不容錯過以外，白天也可以加入熙來攘往的擁擠人潮，在圓山公園（Maruyama Park）的櫻花樹下野餐，或者在臨時搭建的「快閃餐廳」（pop-up

伏見稻荷大社（Fushimi Inari shrine）的山徑上排列著幾千座朱紅鳥居。

restaurant）大快朵頤。春天賞櫻的活動，在日本文化中根深柢固，甚至有專有名詞——花見（hanami）——稱呼這樣的習俗。

若想體驗不一樣的京都夜晚風情，沿著木屋町通（Kiyamachi dori），來場居酒屋巡禮，或是一晚到不同地方吃上幾餐吧！運河畔的木屋町通熱鬧非凡，整條街滿是居酒屋、餐廳，以及精心設計的燈光映照下的夜櫻。

當然，京都體驗絕不僅止於美食；而且往往有櫻花相伴。搭乘嵯峨野觀光小火車（Sagano Romantic Train），遊覽櫻花遍布的保津川峽谷（Hozugawa Ravine）。上車前，別忘了先到美麗的嵐山竹林小徑（Arashiyama Bamboo Grove）散散步；也可以搭乘附近的傳統屋形船（Yakatabune cruise），觀賞保津川（Hozu River）夾岸盛放的櫻花。除此之外，相距不遠的金閣寺（Kinkaku-ji temple）也是絕佳選項，金箔外牆奪目耀眼，只有四周環繞的櫻花能媲美。或者前往平安神宮（Heian Jingu shrine），在四下蔓延的庭園裡漫遊。

但如果在京都只去一個地方，那麼就到著名的伏見稻荷大社，步行穿越神聖的門戶——千本鳥居，沉浸在朱紅色的異世氛圍中，是最浪漫的京都體驗之一。環山小徑總長約兩小時腳程，每穿過一段鳥居，抬頭就是撲面而來的櫻花景色。

如同世間所有的魔法一樣，櫻花的咒語也是驚鴻一瞥，花期僅有短短的兩到三週，吸引大量遊客在這期間湧入京都，當地旅館、飯店處處爆滿，一房難求。所以，如

櫻花在京都的每一個角落盛開。

果要去京都賞櫻，最好加快動作；有的網站，如japan-guide.com，甚至提供櫻花的開花預報。這是絕不容錯過的迷人體驗。

行程規畫

住宿・翠嵐飯店（Suiran）位於河畔的翠嵐飯店曾是皇室行宮，後來成為川崎（Kawasakis）家族的度假別墅（對，就是你想的那個川崎家族）。圍繞19世紀的迷人餐廳建造，翠嵐的客房氣氛格外浪漫，附設庭園與露天溫泉湯池；鄰近公園裡更有一棵色膽包天的櫻桃樹，從園欄底下悄悄潛入偷窺。飯店的露天休息區也有數不盡的櫻花，不要錯過在這裡共享燭光茶道。
suirankyoto.com/en

美食・瓢亭（Hyotei）瓢亭位於南禪寺畔，有脫俗如仙境的庭園景致，供應米其林星級料理，創立於17世紀，菜單上既有當地傳統美食（如鹽烤香魚），也少不了世上最受歡迎的菜色之一：溏心蛋，獨門食譜代代相傳，至今已傳承了14代主廚。
hyotei.co.jp/en

娛樂・預約私人夜間徒步導覽，穿梭歷史悠久的祇園巷弄，探索充滿傳奇色彩的藝妓發源地。導覽歷時兩小時，將行經藝妓的宿舍、學校、茶屋（ochaya），甚至有機會一窺實習舞妓或明星藝妓的身影，看她們身著精緻繁複的和服，踏著高木屐，匆匆趕赴下一場約會。

義大利里維耶拉

古樸水岸、僻靜修道院，以及義大利最浪漫的徒步之旅

菲諾港（Portofino）可以說是浪漫的經典代表。自佛列德・巴斯卡李昂（Fred Buscaglione）在1958年發表情歌〈愛在菲諾港〉（Love in Portofino），這個曾經恬靜的漁村，立刻吸引了鉅富與好萊塢一線明星前來。這首歌至今傳唱不休，黛莉達（Dalida）、安德烈・波伽利（Andrea Bocelli）等無數歌手都翻唱過。菲諾港早期的忠實粉絲包括伊莉莎白・泰勒（Elizabeth Taylor）、亨佛萊・鮑嘉（Humphrey Bogart）、洛琳・白考兒（Lauren Bacall）、艾迪・費雪（Eddie Fisher），以及雷克斯・哈里遜（Rex Harrison）（據說哈里遜的奧斯卡獎座，在某場特別著名的慶典活動中掉進海灣裡）。至於現在，蕾哈娜（Rihanna）、碧昂絲（Beyonce）、珍妮佛・洛佩茲（Jennifer Lopez）、克里斯・馬汀（Chris Martin），或者史蒂芬・史匹柏（Steven Spielberg）等巨星，都有可能與你擦肩而過。

儘管每年都有一批新的名人到訪，留下一個個響噹噹的名字，但很神奇的是，這個人口僅500多人的里維耶拉小鎮，原有的魅力始終絲毫不減。不論是港口黃色、粉紅色、土色等七彩繽紛的漁人小屋，還是景觀迷人的聖喬治（San Giorgio）教堂，再到山丘上由本篤會修道院改建而成的旅館（見住宿）——菲諾港凝聚了世世代代令人屏息

左上圖：新鮮的羅勒，是當地美味青醬的關鍵食材。中上圖：本地處處水景，無論在哪裡拍照，都不缺在海濱碼頭留影的機會。右上圖：五漁村國家公園（Cinque Terre National Park）的韋爾納扎（Vernazza）港口色彩繽紛的船隻。右頁：菲諾港明亮的住宅與餐廳。

的美。

　　單是菲諾港海濱——小餐館和上下擺動的小船——就值得消磨整個下午。但若把時間全花在這裡，又會錯過當地精采的散步路線，例如通往海濱的聖弗羅托索本篤會修道院（Benedictine abbey of San Fruttuoso）的小道。這條路距離適中（大約3.2公里），但最好多留一點時間穿越岩灘，俯瞰下方閃耀的地中海全景。

　　另一條優美的路線，是從聖喬治教堂出發，步行約半小時到菲諾港燈塔。在這裡可以看見拉帕洛灣（Gulf of Rapallo）——著名的五漁村（Cinque Terre，又叫五鄉地）就在這裡。在菲諾港的行程結束後，不妨安排幾天前往拉帕洛灣一遊。這一系列僻靜小鎮的歷史可以追溯到7世紀，蒙泰羅索（Monterosso）首先躍上舞台，出現在世人的眼前（鎮內房舍建築高居山脊，名副其實地「躍上」了舞台）。一個世紀後，里奧馬焦雷（Riomaggiore）跟隨蒙泰羅索的腳步崛起。到了中世紀時期，韋爾納扎（Vernazza）、科爾尼利亞（Corniglia）以及馬納羅拉（Manarola）陸續出現，拉帕洛灣的五重奏就此成形。

　　五漁村建立超過千年後，依舊禁止車輛通行（除了幾輛晨間運貨車）。來往五漁村的交通非常有限；其中一種方式是透過步道系統前往，每年夏天都人滿為患。然而春天的風貌卻截然不同：陽光普照，人潮較少，在較寬闊的路段——最適合的莫過於愛之小徑（Via dell' Amore）——甚至能並肩牽手漫步。

　　你當然可以選擇乘船或搭車來往村莊之間，但步行的方式才能體驗到最私密、最「近在咫尺」的風景——真的就是近在咫尺，因為有的步道直直經過當地居民的住家大門。你可以看見從山脊到深谷的各式建築；從海平面直拔而起的步道，一路延伸到峭壁上的葡萄園，再蜿蜒而下；還有隱蔽的小海灣，猝不及防出現面前。如果需要一點時間，慢慢細味當地的美景，這裡也有許多地方讓你坐在遮陽傘下小酌餐前酒（aperitivo）。想為旅程添上更精彩的一筆，就要試試韋爾納扎居高臨下的拉托勒高塔餐廳（La Torre）；這裡是菲諾港——甚至是整個義大利里維耶拉——最適合為你們的愛情乾一杯的地方。

貝爾蒙德斯潘和斯潘馬飯店（Belmond Hotel Splendido）的標準行政套房外的繽紛海景。

左頁：聖弗羅托索修道院周圍滿是綠意。上圖：在世界級日落美景前享用飲料與點心。

行程規畫

住宿 • 貝爾蒙德斯潘和斯潘馬飯店（Belmond Hotel Splendido）坐落在菲諾港上方林木蔥鬱的山丘上，貝爾蒙德斯潘酒店原是本篤會修道院，現在的用途卻與修道生活相去甚遠：美好生活套房（Dolce Vita Suite）有大理石浴缸、私人專屬花園等設備，既有絕對的隱私，又能將菲諾港全景盡收眼底。還記得通往修道院的步道嗎？不妨在夜晚時分，乘著貝爾蒙德斯潘的船再次到訪，海灘上將有雙人晚餐待你享用。
belmond.com/hotel-splendido-portofino

美食 • 水手酒館（Taverna del Marinaio）位於菲諾港海濱，景觀與餐廳招牌青醬料理同樣迷人；他們的青醬太過美味，連鄰鎮的居民也被吸引前來大快朵頤（在以青醬聞名的地區，有這等魅力可不簡單）。
tavernadelmarinaio.com

娛樂 • 韋內雷港（Portovenere）又被稱為鄰近五漁村的「第六村」。除了海濱那些歷史悠久，可追溯到11世紀的高聳、細窄的房屋以外，本地的美，更得入海去感受。划著獨木舟經過詩人灣（Bay of Poets）、拜倫石窟（Byron's Grotto），沉浸在這個拜倫勳爵（Lord Byron）、詩人雪萊（Shelley），以及其他曾在此地生活過、書寫過、自由地愛過一場的人，都曾駐足的美景之中。
wildtrips.net

夏威夷

考艾島

草木蔥鬱的夢幻島嶼

納帕利海岸（Na Pali Coast）荷諾普峽谷
（Honopu Valley）沿岸的教堂岩
（Cathedral rock）及海灘。

在鋪天蓋地的一片綠意中，考艾島（Kauai）稱為「花園島」（Garden Isle）確實名副其實，然而另一個較不為人知的別名，更適合尋求浪漫氣氛的遊客：「夢幻島」（Fantasy Island）。上一頁的峭壁景觀——納帕利海岸，正是經典電視影集《夢幻島》（Fantasy Island）的片頭畫面。即使沒有劇中主角洛克先生與塔圖先生前來歡迎，考艾島作為你個人的浪漫度假地點，只會更加迷人。

和影集一樣，納帕利（Na Pali）是造訪考艾島的最佳起點。沿著北海岸（North Shore），壯觀的懸崖畫出長達27公里、連綿起伏的天際線，從地面只有一條路能抵達——卡拉勞步道（Kalalau Trail）。這條路線總長近18公里，從海灘出發，穿越五座如伊甸園般的山谷，最後在另一座海灘結束，非常有挑戰性，要在一天之內走完尤其困難；所以也可以考慮只遊覽部分路段，或是在中途露營過夜。不過，還有第三個選項：把體力留給草裙舞課程，改用乘船或搭小飛機的方式遊覽海岸風光。

另一個《夢幻島》的經典標誌——分岔的威陸亞瀑布（Wailua Fall）及草木繁茂的瀑布池，相較之下就容易到達得多了。在公路旁就能看見瀑布，坐落在同樣著名的威陸亞河南端；這條32公里長的河道曾出現在貓王艾維斯（Elvis）的電影《藍色夏威夷》（Blue Hawaii）中，是夢幻的遊船地點，還可以順道造訪羊齒洞穴（fern grotto）。

然而，講到貓王，最常被提起的當地傳奇，依然是可可棕櫚度假酒店（Coco Palms）：曾是豪華度假村，現在已經不再營業了。考艾島格外蒼翠的一角，曾是真正的國

考艾島到處充滿刺激的戶外冒險，包括哈納雷灣（Hanalei Bay）的立槳衝浪（stand-up paddle boarding）。

王居所，可可棕櫚坐落在這裡，成為《藍色夏威夷》電影中舉行婚禮的背景。貓王站在獨木舟上，對銀幕上的愛人唱起〈夏威夷婚禮歌〉（Hawaiian Wedding Song）──那是為愛而生的小夜曲，每個音符都是一句「我願意」。度假村的婚禮業務也因此蒸蒸日上。訂好行程，遊覽夢幻的潟湖、蔥鬱的椰子樹林，以及復古的客房。別忘了參觀56號國王小屋（#56, King's Cottage），肯定能看見舊日風流的一道道影子。

既然稱為夢幻島，必定有幾處祕密天地。就像是要特別強調這一點似的，考艾島的考培亞海灘（Kauapea Beach）──又叫做祕密海灘，或是簡稱「祕境」──並沒有標示指引。從卡利希瓦伊灣（Kalihiwai Bay）與基勞厄亞點（Kilauea Point）之間一條陡峭的無名小徑向外延展，這座海灘寬廣遼闊，身在其中時，感覺像是沒有其他人在場──其實通常也真的只有你們。但如果有人的話，請注意：這裡是心照不宣的天體海灘，穿不穿衣服，全看個人選擇。

即使是考艾島上最熱鬧的區域，也有種夢幻的氛圍。威美亞峽谷（Waimea Canyon）──又稱為太平洋大峽谷（Grand Canyon of the Pacific）──就是很好的例子。從暱稱就猜得到，這個地方遊客絡繹不絕。赭紅色的山壁上，高高掛著向下奔流的瀑布，即使四下有眾多健行客或汽車，依然無損峽谷異境般的脫俗氣質。

同樣的，和你一起出現在哈納雷灣的遊客，也不會減

在普林斯維爾聖瑞吉酒店（St. Regis Princeville）用餐，欣賞海景山色。

損小鎮的復古魅力與霧氣朦朧的山間魔法。其實，無論在這座島上的哪一個地方，你都會遺憾身邊沒有專業攝影團隊──可惜沒辦法讓全國觀眾看到《夢幻島》最經典壯闊的一集。

行程規畫

住宿 • 蒙普林斯維爾聖瑞吉酒店（St. Regis Princeville）飯店內的知名大型無邊際游泳池，能夠俯瞰哈納雷灣；充滿熱帶風情的客房以及最受歡迎的軍刀開香檳（champagne-sabering，是飯店在日落時分的傳統活動）地點，也能一覽哈納雷灣的海洋風情。另外，前往利馬互利花園和自然保護區（Limahuli Garden and Preserve）也很便利，在馬卡納山（Makana Mountain）與太平洋壯麗的背景襯托下，這裡的植物之美更加引人入勝。如果想要營造更浪漫的氣氛，不如嘗試露天的私人盛宴；在閃爍的燭光與夏威夷式火把下，以精心搭配的美酒佐餐，享用四道菜的個人

化菜單。也別忘了預約納努阿里情人薰衣草護理療程（Couples Nanu Ali'i Lavender Ritual），一開始先進行薰衣草蜂蜜磨砂去角質，最後以全身按摩作為療程的結尾。
stregisprinceville.com

美食 • 海灘小屋（The Beach House）的露天座位擁有無與倫比的景觀（幾乎可以說是坐在波普海灘（Poipu Beach）的水面上）。這裡的夕陽美景夢幻得不可思議，供應的餐點也新鮮美味。餐廳最受歡迎的長青菜色：用新鮮漁獲為食材的香煎海鮮佐夏威夷果仁堅果奶油

the-beach-house.com

娛樂 • 到卡帕亞（Kapaa）的椰子自行車出租（Coconut Coasters Bike Rentals）租一台自行車，北上沿著海濱的自行車道一覽美景。但在出發前，記得先去隔壁的椰子殼果汁吧（Coconut Cup Juice Bar），買杯新鮮現榨的果昔。踩著踏板一路向北，直到你看夠了那些不可思議的景色為止。
coconutcoasters.com

倫敦

在世界級文化中遨翔、品酒、闊步漫遊

倫敦有製作出〈我想牽你的手〉（I Want to Hold Your Hand）及〈愛我吧〉（Love Me Do）等歌曲的錄音室，以及莎劇《羅密歐與茱麗葉》（Romeo and Juliet）和《安東尼與克莉奧佩特拉》（Antony and Cleopatra）的首演劇場，為愛情譜出了許多世上最具代表性的浪漫頌歌，在春季的樣貌可以讓你更容易明白，能夠催生出這麼多經典作品的原因──皇家公園（Royal Park）中，黃水仙與杜鵑花絢麗奪目；平底木船如繁星般點綴泰晤士河（Thames）河面；所有的名勝古跡都披上一層迷霧般的薄紗。

如果想把整座城市的景觀收入眼底，不如搭上倫敦眼（London Eye）摩天輪，用香檳或葡萄酒慶祝旅程的起點，在國會大廈（Houses of Parliament）、大笨鐘（Big Ben）、白金漢宮（Buckingham Palace）、西敏寺（Westminster Abbey）等地標上空品嚐五種酒類，體驗一圈微醺的摩天輪之旅。接下來，前往附近斯凱隆景觀餐廳（Skylon），從高樓俯瞰同樣令人驚嘆的倫敦全貌和泰晤士河河景，享用現代英式料理。

回到地面後，盡可能遊遍倫敦市內的八座皇家公園。如果無法一一造訪，至少別錯過海德公園（Hyde Park）裡浪漫的情人小徑（Lovers' Walk）和玫瑰園。隨後可以到莎士比亞環球劇院（Shakespeare's Globe），欣賞露天演出。最後在伊恩・佛萊明（Ian Fleming）最愛的公爵酒吧（Dukes Bar）──就是經典台詞「用搖的，不要攪拌」（shaken, not stirred）的誕生地──點一杯馬丁尼，為夜晚劃下句點。

左上圖：在西敏市（City of Westminster）的皇家公園──綠園（Green Park）中手牽手信步漫遊。中上圖：公爵酒吧的馬丁尼是伊恩・佛萊明創造詹姆士龐德（James Bond）的靈感來源。右上圖：朗廷酒店（Langham Hotel）套房主臥室，附設寬敞的更衣室與衣帽間。

搭乘倫敦眼摩天輪欣賞美景，在半空中品嚐葡萄酒或香檳。

行程規畫

住宿 • 西區的朗廷酒店是倫敦第一間豪華飯店，同時也是傳說中下午茶的發源地。從維多利亞時期起，棕櫚閣（Palm Court）就開始供應下午茶與多層點心給當地及外來的名流顯要。飯店也有一流的川水療（Chuan Spa），可以在雙人日式浴池中放鬆身心。
langhamhotels.com

美食 • 凱蒂費雪餐廳（Kitty Fisher's）餐廳位在燭光映照的地下室，氣氛舒適溫馨，名字來自18世紀的交際花凱蒂．費雪（Kitty Fisher），連英國前首相大衛．卡麥隆（David Cameron）也深受吸引，與妻子莎曼珊在此享用晚餐。餐廳的菜單時常變換，過去曾供應的菜色包括：鱈魚卵奶油及茴香奶油佐麵包，鴨肉佐大黃、義大利甘藍、細葉香芹等。
kittyfishers.com

娛樂 • 登上比倫敦眼更高的位置──碎片大廈（Shard）是全西歐最高的建築，觀景臺（The View）超過240公尺高，俯瞰整座城市。不要錯過這裡的默日狂歡派對（silent disco）：三名DJ會在你們的耳機裡播放音樂，只要兩人對音樂風格有共識，就可以盡情隨音樂搖擺，享受熱力四射的狂歡夜。
the-shard.com

南非

西開普省

葡萄酒、野生動物、令人驚嘆的自然景觀

抵 達非洲的好望角（Cape of Good Hope）時，16世紀探險家法蘭西斯·德瑞克爵士（Sir Francis Drake）宣稱這個地方是「地平面上最美的岬角」。而現在的西開普省，魅力並沒有隨時間消褪，反而更添風采。當荷蘭東印度公司（Dutch East India Company）進駐此地——為了讓旗下水手有個休息、恢復的據點——他們種植了葡萄樹，後來發展成南非最知名的產酒區：開普酒鄉（Cape Winelands）。同時，荷蘭東印度公司的總部，也成為世界上最美麗的城市之一：開普敦（Cape Town）。

要一覽開普敦全貌，最佳的地點是桌山（Table Mountain）；搭乘纜車登上海拔1085公尺的遼闊高原，四下美景盡收眼底，遠眺周圍的高峰峻嶺、桌灣（Table Bay），以及市中心的景致。

桌山上還有一座同名的國家公園，包括許多引人入勝的名勝；有的景點絕對無法錯過——十二使徒岩（Twelve Apostles，下頁）排成一列，盤據開普半島（Cape Peninsula）海岸，優雅的弧線延伸到海中數公里遠。有些「景點」則小得多——比如巨石灘上（Boulders Beach）的非洲企鵝，牠們對「殖民地」的品味簡直一流：古老的花崗岩散布在小海灣上，陽光下的沙子閃耀著光芒，就算這裡什麼動物都沒有，也依然值得一遊。更何況你在海灘放

左上圖：在信號山（Signal Hill）山頂，可以一覽開普敦全貌。中上圖：西開普省的葡萄產量豐沛，讓它成為主要的葡萄酒產區。右上圖：蜿蜒的海濱小徑通往開普敦附近的小村莊——諾特虎克（Noordhoek，即北角）的海灘。右頁：餐廳內可以眺望絕景的露天位置。

鬆時，有身穿燕尾服的小居民作伴，絕對會是難能可貴的體驗。

走在南非最西南端的岬角，同樣是獨一無二的經驗。好望角及鄰近的開普角（Cape Point）都非常適合散步漫遊，風襲峭壁、波濤拍岸，還有許多頑皮靈動的狒狒。

岬角上數百年歷史的葡萄酒莊，本身就是不容錯過的景點。當然，不容錯過的還有美酒——這裡的葡萄品名餐酒（varietal）已是世界知名。當季時越早前往，就越有機會趕上西開普省各酒莊的葡萄酒節（wine harvest festival），許多將在3月間舉辦（別忘了，你造訪的季節是南半球的秋天）。

無論何時前往，距離開普敦僅20分鐘路程的康士坦提亞谷（Constantia Valley）路線，都是一流的起點。你會看到南非最古老的葡萄園酒莊（以及可能是最好的白蘇維濃葡萄酒〔Sauvignon Blanc〕）。接著來到斯泰倫博斯（Stellenbosch），鎮內有150座酒莊，包括瑞斯德路（Rust en Vrede）：納爾遜·曼德拉（Nelson Mandela）在諾貝爾獎晚宴上選擇的1993年梅洛（Merlot）葡萄酒，就是來自這座酒莊。你可以沿著五條當地小徑漫步，沉醉在啜飲、品酒的世界，但也別忘了遊覽斯泰倫博斯的城鎮風光，殖民時期建築與山景之美，是另一種醺人欲醉。

另一個葡萄酒區是法蘭舒克（Franschhoek）——意思是法國角，從區內的酒莊名稱大概就可以明白（如夏慕尼與大普羅旺斯區酒莊〔Chamonix and Grande Provence〕）。請注意：搭乘當地隨意上下的葡萄酒電車（Wine Tram）上，你們可能很快就會像荷蘭東印度公司的水手一樣爛醉。但別擔心，至少歷史是站在你們那邊的。

從獅子頭頂遠眺十二使徒岩及坎普灣（Camps Bay）的夕陽景色。

左頁：法國小鎮酒莊園區的荷式波香道爾莊園（Boschendal Manor）。
上圖：獅子莊園飯店(Leeu Estates)內17間客房其中一間的起居室。

行程規畫

住宿 ●獅子莊園飯店是奢華新穎的度假飯店，範圍綿延三座歷史悠久的葡萄酒園，中心是一幢19世紀莊園建築，位於達森貝爾山（Dassenberg Mountain）與法蘭舒克河（Franschhoek River）之間。在這裡住宿，可以遠眺葡萄酒園與山巒景致，享受加熱的大理石浴室地板——甚至，如果在訂房時特別要求的話，還能為你在房內生起壁爐中的火。
leeucollection.com

美食 ●在斯泰倫博斯的德萊爾格拉夫餐廳（Delaire Graff Restaurant），別忘了遠眺欣賞葡萄酒莊與橄欖樹園的夕陽風光，並參觀莊園的藝術收藏品展覽。餐桌上也同樣精彩，菜單包括西班牙甜菜冷湯佐小黃瓜冰，以及草莓起司蛋糕義式冰淇淋與玫瑰和優格蛋白霜等等。
delaire.co.za

娛樂 ●體驗馬背上的夜遊行程，騎馬穿越葡萄園與森林。如果旅遊的時間夠早（3月，有時4月也能遇到），就來得及參加騎馬小徑（Horse About Trails）旅行社在外森伯格（Witzenberg）矮丘舉辦的夢幻月光騎乘之旅。另外，黃昏的騎馬體驗則是全年都可以報名，還可以順便預約騎馬行程後的爐火畔野餐。
horseabout.co.za

紅土中心

開闊的大地、夢幻的光影，以及舉世聞名的巨岩

飛近澳洲中部艾利斯泉（Alice Springs）的
熱氣球。

夢幻，是澳洲紅土中心（澳洲中心面積近54萬6000平方公里的遼闊旱地）的精髓所在。當地的創世故事——最常稱為「夢時代」（Dreamtime）述說在很久、很久以前，原住民的祖先從一片不毛之地中出現，開始創造全新的地貌與風景，當中最具代表性的作品，就是一塊耀眼的巨岩，叫做「烏魯魯」（Uluru）（又稱艾爾斯岩〔Ayers Rock〕，下圖）。事實上，紅土中心大多數的景點，傳說都起源於夢時代；而從加他茱達（Kata Tjuta，澳洲原住民語「多頭」的意思）露出地面的巨岩，到漫天星斗閃爍的夜幕（這裡地廣人稀，完全沒有光害），看起來確實就像是夢時代的產物。

如果搭乘熱氣球，就會發現，即使是艾利斯泉市中心，也無法打破這片遼闊的空寂。而你絕對要體驗看看在這塊廣袤大地的上空飄浮。放眼望去，地面只有灌木叢和跳躍的袋鼠——這是最適合兩人獨處的行程（至少這樣一來，你們可彼此確認眼前的景色是並不是自己的想像，而是真實的）。

另一項在地面進行的活動，同樣夢幻——到當地的袋鼠庇護所（Kangaroo Sanctuary）抱抱袋鼠孤兒。庇護所的

烏魯魯，又稱艾爾斯岩，位在澳洲紅土中心的中央位置，據信有大約6億年歷史。

負責人克里斯·巴恩斯（Chris "Brolga" Barnes），也就是「袋鼠先生」（Kangaroo Dundee）——國家地理頻道大受小眾粉絲追捧的節目——會很樂意把工作分派給你們。每個人各自領到一隻袋鼠寶寶，裝在袋鼠背巾（模擬袋鼠媽媽的育兒袋）裡。請小心：在袋鼠寶寶抬起頭看著你，然後親吻你——對，親吻你！——的一刻，你恐怕會開始認真盤算有袋動物的領養事項。還好那是違法的，因為接下來要去的地方，實在不適合帶著蹦蹦跳跳的小動物同行。

國王峽谷（Kings Canyon）約莫在艾利斯泉與烏魯魯的中間。爬上500階的心臟病山（Heart Attack Hill），向國王峽谷邊緣步道（rim walk）邁進。一登頂，就踏入了一個不同的世界：300公尺高的砂岩山壁、不可思議的紅褐色岩層構、茂密的棕櫚森林，以及一座綠洲，叫做伊甸園（Garden of Eden）——一個隱蔽的祕密天地，布滿原生植物和耀眼的天然水洞。

艾爾斯岩城鎮廣場（Ayers Rock Town Square）上開設的馬魯庫藝術（Maruku Arts）點畫體驗班，則是另一種截然不同的浪漫。在當地藝術家的指導下，學習以幾種傳統的象徵符號，表達你們相遇的愛情故事。

當然，以上的行程都不過是序曲，接下來才是你期待已久的重頭戲：聳立在澳洲中央的烏魯魯——高348公尺、寬3公里，（很可能）有長達6億年歷史的巨大砂岩。站在不同的角度、或在一天之中不同的時間眺望，這塊神聖的

東經131度飯店的豪華帳棚套房。

巨岩都會呈現不同的形狀和光影變化，幾乎令人相信那些原住民的祖靈正在即時畫出朱橘、粉紅、紫色等色彩——也或許是一種現代版夢世紀的重現。

行程規畫

住宿 • 東經131度飯店（Longitude 131°）與世隔絕，是國家地理旅遊全球精選特色飯店。奢華的帳棚型式客房，直接面向烏魯魯巨岩，壯麗的景色讓一對對情人沉迷其中——但這裡的浪漫還不僅於此。不論是沙丘上的雙人晚宴，還是在國王峽谷來一場香檳野餐，全都沒問題。但其中最棒的或許是「在星空下入眠」：陽台的沙發床鋪上一層雙人澳洲睡墊（swag），床尾架了戶外壁爐，托盤上擺著貝禮詩香甜酒（Bailey's）、波特酒（port）、干邑白蘭地（cognac）、餅乾——最適合兩人窩在一起，享受獨處的浪漫時光。
longitude131.com.au

美食 • 塔里維魯晚宴（Tali Wiru）戶外的露天晚宴，有香檳、開胃小點、澳洲迪吉里杜管（didgeridoo）音樂，以及烏魯魯的日落景致作為開場，隨後在繁星下享用四道菜的晚餐（包括最著名的雙重烤葛瑞爾起司舒芙蕾（twice-baked Gruyere souffle），並以美酒和原住民傳奇故事佐餐。
ayersrockresort.com.au/experiences/detail/tali-wiru

娛樂 • 步行、騎自行車，以及搭乘直昇機遊覽烏魯魯，都是為人熟知的活動選項；奇怪的是，很少有遊客知道這塊巨岩的「姊妹」景點：加他茱達岩石群。一共36座的巨石（一個個的小圓頂），絲毫不遜於烏魯魯，而且相較之下是個更加私密的景點。健行進入沃帕峽谷（Walpa Gorge），享受與世隔絕的極致平靜。

布魯日

有天鵝湖的中世紀古城，巧克力愛好者的聖地

布魯日（Bruges）是為談情說愛量身打造的地方：巧克力？每條街上都有。鮮花？春天大量盛開。浪漫的散步小徑？前往滿是天鵝的愛之湖（Lake of Love），當地的羅密歐與茱麗葉——史特隆柏格與米娜（Stromberg and Minna）在這裡永遠活在布魯日的傳說中。據說，只要在橋上親吻，愛情就能永恆——而這裡的氣氛太美，親吻心愛的人，本來就是一件令人無法抗拒的事。同樣讓人無法抗拒的，還有這個城市的巧克力。

如果只是因為隨處可見，你或許還能抵抗誘惑，「過門而不入」。但布魯日的巧克力不但選擇豐富，還非常美味。想要品嚐古巴菸草口味的松露巧克力，或者煙燻榛果巧克力豆？你來對地方了。事實上，自從17世紀當地商人開始得到可可以來，這座城市就為它瘋狂。現在，布魯日不但有米其林加持的巧克力專賣店Chocolate Line，也有其他當地名店，包括杜蒙（Dumon）和吉歐姆（Guillaume）。

想抵銷掉不得不嚐的巧克力嗎？沿著366階迴旋而上、愈來愈狹窄的階梯，登上中世紀的布魯日鐘樓（Belfry of Bruges）的樓頂。這裡曾是保存市內寶藏的地方，你會看到47個鐘組成的著名排鐘（carillon），悠久的歷史上溯到15世紀；也可以俯瞰布魯日的全貌。美景讓許多情人在這裡訂定婚約，許下了共度一生的諾言。或許……你也想試試看？

左上圖：布魯日鎮內的木製獅頭門環上。中上圖：運河沿岸種著鮮花，可以看到天鵝悠游划水。右上圖：布魯日的伴手禮，毫無疑問是當地巧克力。

傍晚薄暮時分，沿著舊城區的運河漫步，鐘樓及周遭景色披上一層金色薄紗。

行程規畫

住宿 •勃艮第克羅伊斯酒店（Relais Bourgon-disch Cruyce）是兩棟15世紀木造山牆建築，俯瞰城內最可愛的景色之一：玫瑰碼頭（Rosary Quay）。經典房型（Classic）或經典高級房型（Classic Superior）的窗景最棒。雖然建築本身歷史悠久，室內擺飾許多古董，但絲毫沒有過時的感覺；飯店的藝術藏品包括馬諦斯（Matisse）、克林姆（Klimt）、博特羅（Botero）的作品。relaisbourgondischcruyce.be

美食 •丹豪登哈朗餐廳（Den Gouden Harynck）儘管位在博物館區的中心位置，卻鬧中取靜，非常隱蔽，只有門上的金色鯡魚洩漏了餐廳的蹤跡。沿著安靜的鵝卵石小路向前走，會來到一棟牆面爬滿常春藤的17世紀建築；這裡是一間同名魚店的舊址。溫馨的用餐空間正對著怡人的庭園，供應米其林星級料理。菜單每季變換，過去曾出現過的特色料理包括：鴿子佐青蘋果、迷迭香，以及乳酪洋蔥湯；鹿肉和白火腿佐柑橘醬、蘑菇、蔓越莓。

goudenharynck.be/en

娛樂 •參與運河遊船行程吧。什麼？太過觀光嗎？是有一點，但理由絕對充分：河畔有數不盡的中世紀建築風光。遊河一趟大約30分鐘，可以一覽城內只有搭船才看得見的景色。

智利及玻利維亞
亞他加馬及烏由尼
通往另一個世界的窗

巴勃羅‧聶魯達（Pablo Neruda）在膾炙人口的愛情詩集《船長的詩》（Captain's Verses）中寫道：「我在等待我的愛，在最嚴酷的沙漠中等待⋯⋯在每一個有生命的地方，在春天誕生的地方，我等待你，我的愛。」，詩中的嚴酷沙漠並不僅是象徵性的比喻而已。智利當地人聶魯達在亞他加馬沙漠（Atacama）待了很長一段時間；那是極地以外，地球上最乾燥的地區。當你親眼看到這片美得一見難忘的大地，就能理解為什麼它被寫進詩裡。亞他加馬沙漠簡直就像異世界一般：有名副其實的月亮谷（Valle de la Luna），地貌就像月球表面，可以健行、騎腳踏車，或騎馬穿越；還有怪石嶙峋的死亡谷（Valle de la Muerte），日落時分在這裡健行，能欣賞到紅褐色到玫瑰粉的漸層光影變化。

另外，還有圖勒（Tulor）——保存良好的考古村莊遺址，具有數千年的悠久歷史。當然少不了基多爾古堡（Pukara de Quitor），16世紀的本地石造堡壘，俯瞰聖佩德羅河谷（San Pedro River Valley）。

但最精彩的景點應該是地熱聖境塔狄歐（El Tatio）——南半球最大的間歇泉區，海拔近4328公尺，也

左上圖：在亞他加馬探索飯店（Hotel Explora Atacama）住宿期間，把握機會跨上馬匹，嘗試在亞他加馬沙漠中騎馬的特殊體驗。中上圖：棲息在高海拔湖泊的智利紅鶴（Chilean flamingo）。右上圖：位於烏由尼附近的仙人掌島（Incahuasi Island），布滿比人更高的仙人掌。右頁：亞他加馬沙漠中的塔狄歐間歇泉霧氣繚繞。

是世界上最高的間歇泉區之一。在黎明時造訪，看縹緲的煙霧隨逐漸升溫的空氣，消失在亮起的天幕中。如果不怕清晨的低溫涼意，也可以在附近的溫泉裡，一邊泡一邊看日出。或者，把泡溫泉的行程留到峽谷綠洲中的普利塔馬（Puritama）——一系列被簇簇樹叢圍繞的溫泉區。即使是聶魯達本人，也無法寫出比這更美的、嚴酷沙漠的生命之詩。

這裡也有各式各樣的珍奇物種，其中最引人矚目的，莫過於紅鶴國家保護區（Los Flamencos National Reserve）中的粉紅明星了。在這片充滿鹽灘（salt flat）和潟湖（lagoon）的大地，除了三種紅鶴以外，還有許多其他動物，包括鵝、鷗、禿鷹、老鷹，以及和大羊駝（llama）非常相似的駱馬（vicuna）等。

當然，這裡也不乏人類的蹤跡。前往前殖民城鎮聖佩德羅德亞他加馬（San Pedro de Atacama），享受現場的安地斯（Andean）音樂、咖啡廳、酒吧、餐廳（見美食）。即使只是在綠樹成蔭的武器廣場（Plaza de Armas）隨意漫步，對沈湎於荒野的大腦也是有益的——就像是豐盛大餐後，喝一杯幫助消化的飲料。

但兩道菜之間的「清口小菜」（palate cleanser），或許才是更貼切的比喻。還有不少好戲在後頭。智利一系列相鄰的火山，讓健行客一覽最夢幻的景致；推薦的路線包括：可以一覽安地斯山脈火山弧全景的科羅納火山（Volcan Corona）；有活火山口的拉斯卡爾火山（Volcan Lascar）；以及聖佩德羅本地的利坎卡伯火山（Volcan Licancabur）——上面有世界最高的潟湖、印加文化遺址，還有延伸進入玻利維亞的邊界，帶你踏上更多令人驚嘆的探險。

旅程走到這裡，你應該累積了足夠的體驗，能寫出屬於自己的情詩，無論如何，你們都有一點勝過聶魯達——不是在嚴酷的沙漠裡等待愛情，而是很幸運地擁有彼此了。

聖佩德羅德亞他加馬城內質樸的純白泥造教堂。

左頁：日出時，烏由尼鹽沼的鹽灘景色。上圖：在周圍的峭壁上，一覽智利的月亮谷全貌。

行程規畫

住宿．亞他加馬探索飯店（Explora Atacama）隸屬探索飯店集團，在南美洲最僻靜偏遠的區域，為尋求浪漫的旅客打造出最合適的住宿地點。比如，在全日健行之旅時，你可以在中途停下，墊著亞麻布，享用美酒佳餚，體驗野餐的樂趣（共有超過40種遠足行程可供選擇）。到了晚間，在回到沙漠中的雅致房間前，記得先到旅館內的天文臺，讓漫天星斗填滿你的雙眼。
explora.com

美食．庫納餐廳（Ckunna）的原址是一所超過百年歷史的學校。進餐廳後，請直接前往篝火區域，享用安地斯式主菜與各國菜式融合的創新料理。其中最受歡迎的一道菜是傳統烤雞（pollo a la plancha）佐干邑奶油醬。
ckunna.c

娛樂．參加多日遊的行程，從聖佩德羅出發，到玻利維亞的烏由尼鹽沼──世界最大的鹽灘，面積約4千平方英里。這個純白、由晶瑩六角形組成的世界，不真實得像海市蜃樓──一如旅途中你看見的其他景色（鮮紅色的潟湖、巨大的仙人掌林，以及古老墓穴形成的銀河洞穴〔Galaxy Cave〕）。你可以透過私人嚮導或旅行社安排相關行程，但探索飯店（Explora）的「奢華露營」套裝旅遊是最舒適的遊覽方式。
explora.com/hotels-and-travesias/uyuni-bolivia

在波拉波拉艾美酒店（Le Meridien Bora Bora）的陽臺上，湛藍的海水盡入眼簾。

夏天
SUMMER

蘇格蘭

高地

古堡、仙女池，以及其他迷人的風景

斯開島（Isle of Skye）海岸的斯托
爾山（Storr），俯瞰拉榭海峽
（Sound of Raasay）

蘇格蘭高地區閃耀的湖泊、蔥鬱的山丘、嶙峋的峰巒、孤絕的海灘……全都有不容懷疑的魔力，也因此許多賣座的奇幻電影——包括《哈利波特》及《魔獸戰場》等——都以此地為背景。從大半地區依然雄踞的數百年歷史古堡（有些已成為當地最優秀的飯店，見住宿），到每年夏天舉辦的古老「高地運動會」（Highland Games；見娛樂），讓你和那些故事裡的主人翁一樣，彷彿踏入了時光隧道。這裡作為尼斯湖水怪（Nessie）的誕生地，更加深了這種感覺。這個深受喜愛的傳奇怪獸的家（長35公里、最深處達225公尺）就在因弗內斯（Inverness）城外——這座城市以「高地門戶」聞名，所以在進入高地途中，別忘了前去向水怪致意。

要欣賞尼斯湖最浪漫的景色，可以參觀湖岸13世紀的厄克特城堡（Urquhart Castle）遺跡。在離開尼斯湖、轉往因弗內斯之前，到阿尚蓋爾莊園（Achnagairn Estate）稍作停留；就算不在這裡夢幻的「幸福快樂的日子」古堡套房中住一晚，至少也到飯店內特別的粉紅酒吧喝杯飲料。

因維洛奇城堡飯店（Inverlochy Castle）前的蒼翠綠意、湖景及門廊。

務必搭乘復古蒸汽火車Jacobite Steam Train，沿著和銀幕上「霍格華茲號」相同的路線行駛。只要稍微接觸過《哈利波特》的人，一定都認得行經21座高架拱橋的那段路。即使不是哈利波特迷，這趟鐵道之旅依然值得體驗。來回共135公里的路程，沿途風光比霍格華茲更神奇、更不可思議，包括莫勒（Morar）及尼維斯（Nevis）湖，這片土地上最深、或許也是最夢幻的湖泊。

接下來參觀高地最具代表性的威士忌蒸餾廠，建議的名單包括：斯特拉塞斯拉蒸餾廠（Strathisla）——蘇格蘭目前還在持續經營的酒廠中，歷史最悠久的；艾德多爾蒸餾廠（Edradour）——蘇格蘭最小的蒸餾廠，同時也是許多人心目中最美的一座；以及大力斯可蒸餾廠（Talisker）——斯開島最僻靜孤絕的蒸餾廠，因為詩篇〈蘇格蘭人的歸來〉而永遠留在世人心中。

雖然飽受讚譽，但大力斯可蒸餾廠所出產的威士忌，並不是斯開島上最不可思議的液體；這個頭銜非仙女池（Fairy Pools）莫屬。青綠的池水、傾瀉的流泉，仙女池是一系列背倚山巒的水塘，彷彿證明了島上的精靈確實存在；傳說其中一位仙女在700年前，俘獲了麥克勞德家族（Clan MacLeod）一名年輕人的心。事實上，在麥克勞德家族的多維根城堡（Dunvegan Castle）中，還能看見傳說中的仙女旗（Fairy Flag）——那是她愛意的象徵。

隨著你越來越沉浸在高地的旅程裡，這個故事彷彿也變得更加真實。身處在如夢似幻的場景中，無論是特洛登尼許半島（Trotternish Peninsula）上尖峭的老人石（Old

布萊迪蒸餾廠（Bruichladdich Distillery）的威士忌試飲。

Man of Storr），還是奎雷英（Quiraing）那些彷彿只會出現在神話故事裡的尖礁，都讓人不由自主地對當地的神奇魔法深信不疑——即使是對魔法一竅不通的麻瓜（Muggle）也不例外。

行程規畫

住宿●因維洛奇城堡飯店位在綠意盎然的天地，全英國最高的本尼維斯山（Ben Nevis）矗立入雲，時光幾乎沒有在這裡留下痕跡，魅力與風情一如當年。維多利亞女王曾寫道：「我從沒有看過比這裡更迷人、更浪漫的地方。」少數維多利亞時期後的變化包括：客房浴室裡的淋浴花灑、防水鏡面電視，以及勞斯萊斯和隨車司機（需預約）。
inverlochycastlehotel.com

美食●芥末籽餐廳（Mustard Seed）的前身是弗內斯一所19世紀的教堂，有許多精緻的拱窗，以及高聳的天花板。無論是在樓下壁爐木頭燃燒的火光光旁的位置、樓上的雅座、還是屋頂露台戶外的座位，都能一邊欣賞尼斯河景觀，一邊享用當地特色料理的融合菜色（例如將經典的哈奇斯〔haggis，即肉餡羊雜〕做成酥炸丸子，外裹麵包粉炸成金黃，再搭配大蒜蛋黃醬〔aioli〕）。
mustardseedrestaurant.co.uk

娛樂●回到威廉·華勒斯的時代，觀賞整個夏天的高地競技運動會。雖然不再是家族間的競技，但依舊保留某些古老的活動，例如風笛演奏、高地民俗舞蹈、以及擲鏈球比賽。在麥金利基德旅行社（McKinlay Kidd）預約運動會一日遊行程，詢問是否可以找伊恩·拜爾（Ian Byers）當你們的導遊。
mckinlaykidd.com

希臘

基克拉哲斯群島

純白的屋舍、灑滿陽光的懸崖，以及永生難忘的日落美景

愛琴海群島的220座島嶼，在希臘東南岸構成一片藍與白的絕美景致。其中一座島的名字舉世皆知，幾乎是浪漫的同義詞：聖托里尼（Santorini）。牆頭到處垂掛九重葛的藤蔓，純白的屋舍星星點點遍布在島上，遠眺噴發的火山——傳說中，這是由愛慾而生的地方。故事是這樣的：阿爾戈英雄之一的歐斐摩斯，夢見讓一名仙子懷了他孩子。仙子承諾，只要歐斐摩斯把一塊泥土拋入海中，就為他的後代建立家園。歐斐摩斯醒來後，深信這場夢是個預言，於是依照約定拋下土壤，接著，聖托里尼島冉冉浮出海面。單憑這麼傳奇性的起源和美不勝收的風光，就足以讓聖托里尼坐擁盛名；但它的魅力還不僅於此。每到黃昏時分，這個原本就已充滿神奇魔力的島嶼，都會呈現更不可思議的面貌——聖托里尼以擁有世界最美麗的夕陽著稱。

從伊亞（Oia）村莊向外眺望，沐浴在夕陽下，看日落餘暉將懸崖邊的房屋從純白染成金色，又逐漸變幻成似火的紅。要賞日落，記得早一點前往（人潮非常擁擠），在酒吧裡選一個視野良好的座位，品嚐希臘烏佐酒（ouzo）

左上圖：基克拉哲斯群島彼此競爭「最美夕陽景色」的頭銜。中上圖：島上到處都吃得到新鮮的地中海食材和菲達乳酪。右上圖：迪洛斯島（Delos）上的克麗奧佩托拉之屋（Cleopatra House）。右頁：聖托里尼海岸邊的藍色圓頂教堂。

及開胃菜（mezethes，或寫作meze）。

　　隸屬於基克拉哲斯群島的各座島嶼，彼此之間有種良性競爭的氛圍，有點像兄弟姊妹間的關係。米克諾斯島（Mykonos）以風車聞名（當然，還有派對裡的狂歡份子）；島上的夕陽景致也別具風情。所以最好的方式，就是親自安排一場決勝大賽——體驗了聖托里尼的日落開幕盛典後，搭乘航程三小時的渡輪前往米克諾斯島，在到處都是小酒館的小威尼斯（Little Venice），欣賞米克諾斯黃昏的絕地反攻。同樣的，記得也要提前到達，找個緊鄰海岸邊的位置，享用飲料和點心，度過下午的悠閒時光。

　　這些夕陽景致之所以那麼壯麗、耀眼，或許其中一個原因，是它們都靠近迪洛斯島——希臘神話中光明之神的誕生地。在這座距離米克諾斯僅30分鐘船程的無人小島上，到處都是世界遺產歷史遺跡；其中最令人驚嘆的，或許是阿波羅聖域（Apollo's Sanctuary）遺跡，具有3000年歷史的神廟建築。你也可以找到為其他神祇建造的神廟——如伊西斯（Isis）、戴歐尼修斯（Dionysus）、波賽頓（Poseidon）——以及古老的朝聖之路與耀眼絢麗的馬賽克磚。

　　基克拉哲斯群島中其他的島嶼也各具特色，爭相吸引你的目光。納克索斯島（Naxos）曾是中世紀一名威尼斯公爵的領地，現在依舊保存了那個時代特有的優雅；整個夏季，各種藝術節活動都會在舊城堡區（Kastro）舉辦。米洛斯島（Milos）的佩里科利海灘（Paleochori beach），是一座天然的浴池；在紅、黃交雜的山壁前，讓地熱溫泉溫暖你的身心。另外，西弗諾斯（Sifnos）以島上多如星斗的教堂，以及位於山頂的主要城鎮阿波羅尼亞（Apollonia）聞名；城內餐廳、酒吧、咖啡廳也格外值得一訪。當地的忠實擁護者歐·德拉凱斯，從1887年起，就供應希臘蜂蜜白酒（rakomelo，一種混合了葡萄酒、蜂蜜、香料的飲料）。

　　結束數日的跳島行程以後，你就會明白為什麼基克拉哲斯群島長期以來，始終是蜜月旅客最鍾愛的目的地。除非歐斐摩斯再向海裡拋下一塊泥土，否則聖托里尼將會繼續蟬聯你希臘浪漫之旅最主要的舞台。

在米克諾斯的小威尼斯，有許多戶外的用餐地點可觀賞夕陽。

左頁：米洛斯島普拉卡（Plaka）的日落。上圖：典型的希臘島嶼景色：餐廳外懸掛的整排章魚。

行程規畫

住宿 ● 聖托里尼精品洞穴飯店（Iconic Santo-rini）是一間洞穴屋式旅館，建築型式來自早期居民在聖托里尼火山懸崖山壁上鑿出洞穴，建造成店鋪或住家。如果想要體驗極致的浪漫氛圍，建議可以選擇「懸崖套房」（Cliff Suite）住宿。位在飯店的私密樓層，房間包括兩個視野絕佳的景觀露臺，一座燭光映照的室內洞穴池，以及高懸在火山口岩壁邊的露天浴缸。
iconicsantorini.com

美食 ● 1800餐廳（1800 restaurant）聖托里尼的1800餐廳位於19世紀船長的豪宅內，能夠從伊亞村莊的山丘上，俯瞰島嶼景色。在參觀完修復過的房間以後，可以前往浪漫的頂樓庭園，享用當地特色料理，如新鮮的烤魚、烤羊肉等，同時欣賞面前海洋、火山、火山口交織而成的美景。
oia-1800.com

娛樂 ● 沿著皮爾戈斯（Pyrgos）蜿蜒的小徑，爬坡前往聖托里尼最高的美麗村莊朝聖。在這裡可以找到古堡的遺跡、教堂、葡萄園，以及某些島上最漂亮的純白小屋；也能享受開闊的視野與景觀。另外，根據知情人士透露：在古堡城牆內的法蘭可咖啡廳（Franco's），擁有無可匹敵的絕佳夕陽觀賞位置。
+30 2286 033957

非洲獵遊

開闊天地與無拘無束的野生動物

日落餘暉下的肯亞薩布魯國家公園
(Samburu National Park)

獵遊（safari）是一種很特別的活動。《遠離非洲》（這本書後來被改編為電影，囊括奧斯卡多項大獎）的作者凱倫·白烈森這麼說：「就像喝了半瓶香檳，在微醺的氣泡中，因為生命的鮮活而滿心喜悅。」身處在荒野，當大型獵物初次出現在眼前的那一刻，你立刻就能理解這段話的意義。坐在側面開放式的四輪傳動越野車裡，或許會看見在距離僅數公尺遠處，幾頭獅子窩在一起耳鬢廝磨。等到黃昏時分，導遊在夕陽下開香檳時，你不需啜飲，就早已沉醉在白烈森所說的那半瓶香檳之中。

可以在奇揚布拉峽谷追蹤人猿的蹤跡

盧安達及烏干達

火山獵遊旅行社（Volcanoes Safaris）的維倫加（Virunga）與奇揚布拉峽谷（Kyambura）七日行程，讓你在非洲草木最繁茂的部分地區，尋覓非洲大陸上最著名的靈長類動物。從盧安達出發，駕車開過斜丘，前往維倫加山脈。山頂的火山和湖泊景色極美，讓人幾乎忘了此行的主要目的是野生動物——但是當隔天在斜坡上的森林健行途中，隊伍裡有人看見第一頭大猩猩時，就再也不會忘記這一點了。雖然出發前的行程說明會就警告你，一定要保持安全距離（避免病菌傳染），此時你才真正體會到，要遵守規定有多難——尤其是遇到猩猩寶寶的時候。牠們會無所不用其極，引誘你陪牠們玩耍，把「可愛」發揮得淋漓盡致，讓你用盡所有意志力，才能強迫自己不要接近。這種新奇的夢幻體驗固然讓人捨不得離開，但接下來的行程能撫慰你不捨的心情。下一站，是烏干達的奇揚布拉峽谷飯店（Kyambura Gorge Lodge）；這是進入「人猿山谷」（Valley of the Apes）的門戶。

volcanoessafaris.com

行程規劃

住宿 ● 體驗火山獵遊旅行社在維倫加舉辦過，最有趣的幾項社區專案：在湯匙小學（Mwiko Primary School）語言交換，陪學童練習英文，同時讓他們教你盧安達語；或是參觀蜂窩，當地的養蜂人會為遊客導覽蜂蜜的生產及採收過程。

獵遊途中，住在維倫加
飯店的奢華客房。

費爾豪特馬拉旅行者俱樂邸飯
店（Fairmont Mara Safari
Club）豪華的四面帳棚

肯亞及坦尚尼亞

　　米卡托旅行社（Micato）的14日海明威獵（Hemingway Wing Safari；行程名稱取自作家海明威——世界上最知名的非洲崇拜者），從奈洛比（Nairobi）著名的費爾蒙諾福克飯店（Fairmont Norfolk Hotel，海明威也曾在這住宿）出發。闖進野生動物的世界以前，會先看見凱倫・白烈森——海明威心目中，比他更有資格獲得諾貝爾獎殊榮的作家——曾居住過的別墅，這裡給了他名作《遠離非洲》的靈感。下一站是薩布魯自然保護區（Samburu National Reserve），常被稱為「獅子中心」。即使不在戶外搜尋這些大貓的蹤跡，也可以從你在勞森營區（Larsens Camp）的河濱帳棚中，聽見牠們的聲音。這種背景音樂，在抵達費爾蒙特馬拉旅行者俱樂部飯店後，又會產生變化；這間豪華的度假飯店，幾乎被河流環繞、包圍，河中滿是野生河馬。儘管有這麼豐富的野生動物生態景觀，駕車獵遊的行程可能還不是你在這一站的最愛。如果你們和很多伴侶一樣，是來這裡舉辦婚禮，或重溫婚誓再許一次終身，那麼馬拉的荒野大地就是最佳的舞臺。盛裝打扮的馬賽族（Maasai）戰士就是儀式主持人兼觀禮賓客，帶你們進入塞倫蓋提國家公園（Serengeti）的奇幻冒險。在塞倫蓋提遷徙營地（Serengeti Migration Camp），站在帳棚外的露臺向外遠眺，有機會可以看見在廣闊無際的草海上，動物大遷徙（Great Wildebeest Migration）的奇景（尤其是在夏末時節）。行程最後來到曼雅拉湖（Lake Manyara），尋覓傳說中會爬樹的獅子，以及恩戈羅恩戈羅火山口保護區（Ngorongoro Crater）——原本的火山口，現在成為野生動物聚集的勝地。白晝即將進入尾聲時，唯一能讓你狠下

行程規劃

娛樂 • 旅程中途，不如繞到桑給巴爾（Zanzibar）一遊。這座石頭城是舊時斯瓦希里的貿易中心，以木雕門和香料商人，以及島上美麗的沿岸景致著稱。最迷人的是美諾集團旗下的札魯桑給巴爾島精品飯店（Per Aquum Zalu Zanzibar）所在的海灣；選擇一間面海的海景小屋，享受馬賽芳療雙人療程，至少在夢幻的碼頭或私人洞穴裡吃一頓浪漫晚餐。
minorhotels.com/en/peraquum/Zanzibar

一群走在泥土道路上可愛至極的狐猴，是馬達加斯加常見的景觀。

心、捨得離開的動力，是你在恩戈羅恩戈羅莊園（Manor at Ngorongoro）的小屋壁爐裡溫暖的火光。

micato.com

馬達加斯加

　　大部分的非洲獵遊，都是針對「非洲五霸」的行程：獅子、獵豹、犀牛、大象、非洲水牛。但馬達加斯加獵遊之旅的目標比較小，是體重不到10公斤的狐猴。肯辛頓旅行社（Kensington Tours）的馬達加斯加精華10日遊（Madagascar Highlights），將帶你日夜尋覓這些可愛小動物的蹤跡，有些以歌唱或舞蹈著稱（或至少看起來精通此道）。當然，狐猴不是這裡唯一值得追蹤的小動物；變色龍也是馬達加斯加的原生動物。全球的變色龍物種有大半都分布在這裡。除此之外，本地的地貌與環境也值得一看：雨林景色、紅色沙漠，以及知名的猴麵包樹大道（Avenue of the Baobabs，天生看起來就像上下顛倒的「倒栽樹」，樹齡可能長達上千年）。在探索以上生物與景觀的行程中，夜間可在一系列度假村和旅館中休息；最後的伊法第沙丘飯店（Les Dunes D'Ifaty）無疑是最棒的享受，茅草屋頂、草木蒼翠，又能遠眺莫三比克海峽（Mozambique Channel）和珊瑚礁。若要體驗最完整的馬達加斯加魅力，記得預訂海景房。

kensingtontours.com

行程規劃

娛樂 •在擁有不可思議岩石景觀的砂岩山（Sandstone Mountains）伊薩魯國家公園（Isalo National Park），體驗三階段的露天夜間晚餐行程。黃昏時分喝完雞尾酒後，接著享用一頓私人盛宴，最後在格外耀眼的夜幕下觀星。透過肯辛頓旅行社預訂晚宴行程，感受世界上最浪漫的體驗。

納米比亞

站在羚羊遍布的紅色高地上舉目四望，會覺得再也沒有比這更壯闊動人的景色——那就是世界最高的沙丘：索蘇斯雷（Sossusvlei）。然而，納米比亞處處充滿不可思議的景觀，尤其是漫遊荒野生態保育旅遊公司（Wilderness Safaris）推出的沙丘探險沙漠10日遊行程（Desert Dune Adventure），將帶你探索前述的沙丘景色，並在庫拉拉沙漠飯店（Kulala Desert Lodge）欣賞壯麗的夜空（強烈推薦選擇頂樓露天過夜體驗）。之後前往斯瓦科普蒙（Swakopmund），荒野獵遊搖身一變，成為海洋獵遊，帶你搜尋海狗的蹤跡；幸運的話，還有機會看見害羞的赫氏海豚。接著，來到滿是船隻殘骸的骷髏海岸（Skeleton Coast）；這段海岸依然維持在極原始的狀態，廣受歡迎，吸引眾多遊客，如今每年都不得不對遊客人數進行管制。一路向內陸走，地貌逐漸不那麼荒脊，你會經過幾座綠洲，以及「咆哮沙丘」（roaring dunes）——沙漠中颳起大風，使沙粒發出隆隆聲響，像是咆哮的雷聲。沿途也可以看見許多野生動物，包括大象、長頸鹿、獅子和鬣狗等等。最後一站是沙漠犀牛營地度假飯店（Desert Rhino Camp），結束一整天追蹤犀牛的行程後，在滿天繁星映照下，靠在火爐旁，享用夢幻得令人難以置信的浪漫晚餐。

wilderness-safaris.com

行程規劃

娛樂 ● 前往埃托沙國家公園（Etosha National Park），在6月，水坑周遭的動物無論密度或可見度都會大幅提高。有花豹、獵豹、牛羚……不但數量眾多，種類也非常繁多。住進丘頂豪華的小昂加瓦度假飯店（Little Ongava），就能從私人泳池，眺望附近水坑的迷人景觀。

ongava.com

除了欣賞野生動物，也可以趁著日出時分，在廣闊的納米比沙漠（Namib Desert）上漫步。

俄羅斯
聖彼得堡
歷史上的戀曲、輝煌耀眼的建築與白夜

安娜‧卡列尼娜與伏倫斯基伯爵、普希金與娜塔莉亞‧岡察洛娃，聖彼得堡在18世紀興起於涅瓦河（Neva River）畔，自此成為舉世聞名的愛情溫床，催生出許多傳奇戀情──下一對就是你們了。要怎麼展開這趟旅程？最棒的方式是在戶外待到破曉時分（或者是在那個時節算得上是「破曉」的時間點）。如果你恰好在傳說中的「白夜」期間造訪聖彼得堡（大約5月底到7月，近全天24小時都是白晝），盡可能待在戶外。一入夜，整座城市就會搖身一變，成為大型的狂歡派對。可以前往河畔的「沙灘俱樂部」；搭上遊船，品嚐各種酒精飲料；或者駐足欣賞各種街頭表演。還有一種特殊的浪漫活動──觀橋。

日落時分，滿滿的遊客擠在涅瓦河沿岸，等待凌晨2點的「開橋」瞬間（在船隻可通行期間，每天都會舉行）。你可以在河濱找一個人群聚集的地點等待；但如果要營造更浪漫的氣氛，不如選擇冬宮（Winter Palace）隱士廬博物館（Hermitage）作為觀看地點；這裡的視野絕佳，而且非常適合耳鬢廝磨等親密舉動。

看完開橋、回去補完眠後，如果當天還起得來，可以前往城內最著名的書店：書之屋（Dom Knigi），與普希金進行一場心靈交流。若想尋找更濃厚的文學浪漫氣氛，造訪白痴酒吧（The Idiot）──一間廣受歡迎的酒吧兼餐廳，喚起對杜斯妥也夫斯基時代的緬懷與回憶。隨著一杯又一杯的伏特加入喉，為專屬你們兩人的精彩愛情故事乾杯。

左上圖：在聖彼得保羅大教堂（Cathedral of St. Peter and St. Paul）外野餐，或品嚐一杯葡萄酒。中上圖：聖彼得堡阿斯托里亞酒店（St. Petersburg Hotel Astoria）氣派的大門。右上圖：彼得夏宮（Peterhof）的大宮殿及噴泉，每年吸引數百萬名遊客造訪。

1880年代建造的滴血救世主教堂（Church of Our Savior on Spilled Blood）色彩繽紛的塔樓，倒映在格里博耶多夫運河（Griboyedov Canal）上。

行程規畫

住宿・阿斯托里亞酒店是一座建於1912年的華麗地標，也是唯一一間在馬林斯基劇院（Mariinsky）及米哈伊洛夫斯基劇院（Mikhailovsky）都有專屬包廂的飯店——建議多利用這項額外服務，因為白夜期間正巧遇上大型藝術節。飯店的位置也同樣出色，冬宮和彼得大帝雕像都在附近。許多俄羅斯新婚夫妻都很愛在這座雕像前合照；如果你們碰巧在度蜜月，千萬別忘了合影留念。
roccofortehotels.com

美食・歐洲餐廳（L'Europe）令人驚嘆的新藝術風裝潢，是現場演奏的絕佳舞臺，尤其是星期五晚上，又叫「柴可夫斯基之夜」。儘管餐廳的俄國菜和歐洲料理都非常出色，也有人認為，到這裡用餐的名流更加搶眼；他們常在週日結伴前來，享用魚子醬和香檳早午餐。
belmond.com/grand-hotel-europe-st-petersburg/restaurants_europe

娛樂・搭乘水翼船（raketa，一種水上計程車，航行時像在水面滑翔）前往郊區；更精確來說，是前往有「俄羅斯的凡爾賽宮」之稱的夏宮，造訪它充滿噴泉的奢華庭園。

尚比亞與辛巴威

維多利亞瀑布

穿越彩虹

黃昏時薄霧朦朧的
維多利亞瀑布。

當尚比西河（Zambezi River）的水順流而下，來到高原極寬的不規則邊緣時，垂直陡降100多公尺，形成當地人口中的「轟隆作響的煙霧」（Mosi-oa-Tunya）──它更廣為外人所知的名字，叫做維多利亞瀑布。這聲若雷鳴的噴霧機，構成尚比亞與辛巴威之間的天然邊界，也是你見過最不可思議的奇景，無論是視覺還是聽覺，都讓人為之震撼不已。你甚至可以親自感受這座瀑布──只要靠近一些，瀑布的水霧就會化作雨滴灑在你身上，有時是毛毛細雨，有時是傾盆大雨。但這不是唯一的原因；據說河神納米納米（Nyami Nyami）是愛情的守護神，長久以來，當地婦女會走到「沸騰鍋」（Boiling Pot）──瀑布下方的深潭漩渦──祈求幸福的婚姻。即使不直接向河神許願，也可以盡情沉醉在這不可思議的浪漫情境之中。

沿途每轉過一個彎，都能看見不同的瀑布風光；除此之外，這裡更是一座彩虹天堂──有巨大彩虹、迷你彩虹、雙層彩虹，從上往下會看到水平彩虹，滿月時遠眺天空又有月虹……甚至，你很有可能會直接穿越幾道彩虹。

沿途生長的雨林加上當地種類繁多、色彩繽紛的鳥類（比如噪犀鳥和白背夜鷺），譜出完美的咒語，通往無止境的幸福國度──遊覽過瀑布的兩邊，就曉得這無止境不是說假的，千萬別錯過。雖然大家始終爭論不休，吵著究

在唐卡畢茲旅館（Tongabezi Lodge），遊客可以前往觀景屋（Lookout；圖中右）以及歡聚屋（Hangout；圖中左），同時享受美景與美食。

竟瀑布在兩國中哪一側的景色比較美，但其實兩邊都美得動人心魄，難分軒輊。

如果造訪的時節太早，許多景觀會因為河水暴漲而受到影響，也可能會造成交通不便。但若出發的時間太晚，尚比亞這一側的瀑布又會趨緩，變成涓涓細流。最佳的旅遊時間是6、7、8月之間，整個夏天都是遊覽的好時機，可以在這裡親眼見識並經歷你想像得到的一切——還有一些是超乎你想像的新奇體驗。

想從維多利亞瀑布大橋（橫跨兩國邊境）玩高空彈跳，跳進霧氣瀰漫的峽谷？沒問題。在同一座峽谷中玩鞦韆和鋼索飛行呢？當然可以。如果你熱愛冒險刺激，在這裡可多的是超乎想像的精采活動。

然而，並不一定要親自跳下去，才能好好體驗這座懸崖。搭船前往李文斯頓島（Livingstone Island）——以蘇格蘭傳教士、醫生兼探險家李文斯頓的名字命名，因為他的緣故，外界才知道這座瀑布的存在。這一小塊草木繁茂的土地，坐落在陡落的高原邊緣，正是尚比西河奔流直下、形成瀑布的地方，也是世界上最戲劇化的野餐地點之一。目睹瀑布湍激的急流和折射七彩光線的水霧，才能真正明白李文斯頓醫生在向維多利亞女王回報，並以她的名字為瀑布命名時，那些字句所蘊含的意義：「歐洲人從未見過這種奇景，但想必天使在空中遨翔時，絕不會錯過這般美景。」

在維多利亞瀑布飯店（Victoria Falls Hotel）享受由蛋糕和一口三明治組成的豐盛下午茶。

行程規劃

住宿 ● 唐卡畢茲旅館位在尚比西河尚比亞側，環保奢華的小木屋與別墅主打私密空間：掛著蚊帳的床鋪面對河景，專屬陽臺懸在河面上，還有世界上最貼心討喜的侍者準備燭光浴池，與隔壁客房之間飄著濃密蔥鬱的草木，卻擋不住住在林間的猴子。尚比西河本身也是很浪漫的地點：可以在日落時分搭乘遊船，經過泡在水裡的河馬；讓獨木舟為你將晚餐送到小船上；或者在瀑布邊緣求婚、舉辦婚禮，或是重溫婚誓——旅館都很樂意安排。
tongabezi.com

美食 ● 史丹利露臺餐廳（Stanley's Terrace）位在辛巴威著名的維多利亞瀑布飯店內，可一覽邊境大橋景觀與瀑布七彩的水霧。在這間殖民風格度假飯店品嘗下午茶，是最至高無上的享受；招牌雞尾酒也同樣優秀。為了向名言「你應該就是李文斯頓博士吧？」致敬，其中一人應該點杯「大衛·李文斯頓」（琴酒、蘭姆酒和薑汁汽水特調），另一人則點「你應該」綜合水果酒。
victoriafallshotel.com

娛樂 ● 搭乘直昇機，可以看見彩虹瀑布全貌——與李文斯頓當年向維多利亞女王描述的一模一樣。
巴托卡天空（Batoka Sky），+260 21 3320058

南太平洋

海面廣闊無垠、碧藍而溫暖

期間散布的島嶼是最終極的荒島求生夢幻體驗

東加（Tonga）一隻座頭鯨媽媽帶著寶寶，從一群浮潛客身旁游過。

雞 蛋花是你的髮飾，香蕉葉是你的炊具，印花染布是你衣櫥裡的基本款式，海螺是你的大聲公──太平洋島嶼生活的每一個小細節，都充滿著想像。也難怪作家、藝術家、演員，以及自由自在的浪漫追尋者，都會把自己放逐到這裡，尋找靈感。就算你們不是下一個保羅・高更、羅伯特・路易斯・史蒂文森或艾達・菲佛，長途跋涉來到這個令人驚嘆的地方──至少對你們兩人而言，這趟旅程本身就是劃世紀的傑作。

大溪地帕比堤市場販售的熱帶花卉。

大溪地

　　「大溪地」既是島嶼本身的名字，也是社會群島（Society Islands；包括波拉波拉島〔Bora Bora〕和茉莉亞島〔Moorea〕）的統稱。這裡的氣氛實在太過安恬宜人，應該事先警告遊客：來到大溪地，往往會將所有理智和日常生活全都拋諸腦後。

　　這裡啟發了高更離開法國、讓弗萊徹・克里斯蒂安在邦蒂號（Bounty）上叛變，更吸引馬龍・白蘭度買下12座珊瑚礁島。如果你願意和他們一樣，冒著來了就再也不願離去的風險，將得到無與倫比的收穫：橫峰側嶺、蒼翠繁茂的山巒；一座又一座被白沙和澄澈潟湖環繞的小島；以及無所不在的棕櫚樹。

　　處在這樣的情境之中，你只想坐著發呆，把所有美景都納入眼底。不如先回過神來，跨上單車環繞波拉波拉島，欣賞沿途美景；或是穿上潛水裝備，與當地色彩鮮豔的海洋生物打聲招呼。到帕比堤（Papeete）歷史悠久的公共市集逛逛，多買幾件印花染布或迷人的莫諾伊（monoi，即大溪地梔子花）精油。最後，搭乘船隻前往茉莉亞島，親眼看看這個地方，美到像是人類墮落後，最後終於回到了伊甸園。

行程規劃

住宿 • 波拉波拉艾美酒店（Le Meridien Bora Bora）的水上屋有特大的玻璃鏤空地板──少了它，就無法在房間底下潛游，隔著玻璃送出飛吻；或者在房間裡，透過玻璃觀賞腳下游過的熱帶魚。
lemeridien-borabora.com

從東邊的小島遠眺波拉波拉主島。

旭日陽光照耀下的復活節島摩艾石剪影，背景是馬羅帝里島。

拉帕努伊島

　　拉帕努伊島有一個舉世聞名的名字：復活節島。這個與世隔絕的島嶼上，有大約900座摩艾石像，吸引無數旅客前來。傳說中，打造摩艾石，是要讓當地部落首領、貴族逝世後，靈魂能夠進入石像中。對於這些巨石像，我們所知甚少，因為這座小島被智利佔領時，在19世紀受到疾病、戰爭和其他因素影響，幾乎所有人口都死光了，為後人留下極少的歷史資料。事實上，對於這些石像的確切年代和實際大小（有的還半埋在地下），至今依舊沒有定論。但可以確定的是——它們歷史悠久、體積龐大，而且非常令人著迷。

　　雖然石像散布在島上各處（大多數沿著海岸線分布，可能是為了保護仍活著的家人），但最可觀的一群集中在拉諾拉拉庫火山（Rano Raraku）——長滿青草的火山口，後來成為採石場和摩艾石像的製造場。如果你偏好石像矗立在熱帶海灘旁的景觀，可以前往安納根納灣（Anakena），跟攤販買個午餐，在摩艾石像的陪伴下享受野餐和游泳的樂趣。

　　儘管這些神秘的臉龐怎麼也看不膩，但復活節島上並不是只有這些知名石像而已。在洶湧湍急的海上，乘船環繞冰藍色的海岸沿線，能行駛多遠需視天氣狀況而定，但千萬別錯過鄰近小島上美麗的岩穴和海鳥聚落。也留點時間探訪奧隆戈（Orongo）村落遺址——位處在綠意盎然的火山口，彷彿電影裡哈比人的故鄉夏爾。入夜後前往凱馬納旅館（Kaimana Inn）享用美食（一定要嚐嚐檸檬汁醃生魚），卡拉OK機更是樂趣十足，你們可以成為復活節島最新的搖滾巨星拍檔。

行程規劃

住宿 • 安加羅阿飯店（Hotel Hangaroa）是一間時尚生態精品度假飯店，靈感取自奧隆戈火山村；但這裡的茅草屋頂套房和原版大異其趣，房內附設用本地陶土做成的浴缸和私人海景露臺。飯店有許多一流餐廳可供選擇，還有美妙的水療中心。
www.hangaroa.cl/en/hangaroa

從空中俯瞰帛琉的蔚藍海水和被列為世界遺產的島嶼。

帛琉

密克羅尼西亞（Micronesia）是由250座島嶼組成的國度；其中帛琉更是全球最孤絕、偏遠的地點之一，彷彿另一個世界。洛克群島環礁（Lagoon Rock Islands）分布在無垠的蔚藍海面上，像一頂頂綠色小帽。所以來到這裡的第一件事，就是搭乘獨木舟或帆船，在小島之間遊覽。同樣奇特的美麗景點還有水母湖（Jellyfish Lake），可以與千百萬隻水母（放心，牠們無毒）共游。在這裡游泳就像鑽進超大型熔岩燈中，裡面裝滿溫暖的南太平洋海水。雖然在水母湖裡不能潛水（到15公尺深，海水內的化學成分對人有害），但帛琉還有其他潛水點。比較知名的像是

藍角（Blue Corner）和鐘乳石洞（Chandelier Cave），徜徉在各種當地海洋生物之間（例如花斑連鰭，色彩斑斕，天青、朱橘、藍綠……鮮豔得不可思議），會真實感受到自己離家有多遠。

行程規劃

住宿●帛琉泛太平洋酒店（Palau Pacific Resort）內有海景套房、26公頃的熱帶庭園、氣氛甜蜜的海岸、棕櫚樹下的沙灘酒吧，以及非常出色的潛水中心。別錯過藏在一片扶疏綠意中的水療中心，讓太平洋的波濤聲陪你度過愜意的雙人療程。

palauppr.com

薩摩亞

在紐約某年冬天，羅伯特·路易斯·史蒂文森把自己緊緊裹在毛皮裡，決定也該是時候到南太平洋區避寒了。然而，一旦查過資料，知道他最後落腳在薩摩亞群島，一個美得無可匹敵的地方——你就不會有耐心等到天氣變冷再出發了。應該說，不管在什麼情況下，都無法壓抑想到薩摩亞一遊的強烈渴望。

你只想瞬間移動到薩摩亞的阿洛法加風洞（Alofaaga）之間，親眼目睹海水像火箭升空一樣，噴發到一兩百公尺高的空中。在蘇阿海溝（To Sua Trench）——地下30公尺一座蕨類環繞的天然泳池，裡面有美麗的藍綠色池水。或來到島上棕櫚遍布、彷彿灑了糖粉的潟湖湖岸；又或者，到被史蒂文森稱為「家」的最後一個地方：迷人的維利馬（Vailima）山莊。有需要的話，那裡正好是非常受歡迎的訂婚地點。

行程規劃

住宿 • 薩摩亞海風度假村（Seabreeze Resort）是坐落在僻靜隱密的潟湖邊的世外桃源，湖中還有一座超迷你的小島。一如飯店名稱所描述，這裡海風宜人，躺在高掛懸崖頂端的蜜月屋（Honeymoon Point House）雙人吊床上，會更有感觸。
seabreezesamoa.com

造訪薩摩亞時，可以前往維珍沙灘海灣（Virgin Beach Cove），在清澈的海面上盪鞦韆。

緬因州海岸

吃遍迷人的新英格蘭海岸美食

雖然生在200年前，亨利·沃茲沃思·朗費羅至今依然是最具說服力的緬因州擁護者之一。他在〈我逝去的青春〉詩中所描述的愉悅享受──「碼頭與船道，波濤肆意翻湧……船隻的美麗與神秘，以及海洋的魔力」──到現在還吸引眾多追尋浪漫的旅客前來。而近代出現的夕陽遊船、花式調酒，以及多不勝數的美食，更為此地增色許多。遊覽本區的最佳方式，莫過於一趟美食之旅，一一品嚐沿岸眾多餐廳。來到緬因州旅遊，你很可能會來到朗費羅的故鄉波特蘭──南岸的美食天堂。

與其把波特蘭當作單純進出緬因州的門戶，不如沿著鋪滿鵝卵石的街道，走在舊港區（Old Port）的人行磚道上，感受這個19世紀的老港口滿是酒吧與餐廳的全新風貌。別錯過黃昏生蠔吧（Eventide Oyster Co.）、他們的創新酒單（建議來一杯內格羅尼白苦艾酒〔negroni bianco〕），以及在部分饕客心目中，緬因州沿岸最棒的非傳統式龍蝦三明治（推薦焦化奶油與油醋醬口味）。

卡斯科灣（Casco Bay）是波特蘭另一個深具魅力的景點，擁有約140座林木覆蓋的島嶼；夏季期間，可以搭渡輪前往其中幾座。距離波特蘭僅20分鐘航程的皮克斯島（Peaks），非常適合租單車遊覽。踩著單車踏板，消耗剛才大快朵頤時攝取的多餘熱量，並為下一頓美食做好準備。

左上圖：阿卡迪亞國家公園（Acadia National Park）碼頭色彩繽紛的捕龍蝦浮標。中上圖：來到緬因州，品嚐新鮮龍蝦是絕對不可錯過的行程。
右上圖：黃昏時分到希金斯海灘（Higgins Beach）衝浪、觀浪。

至於波特蘭以北，絕對不要錯過卡姆登（Camden）。它本身就已經別具魅力，但更加浪漫的是，它歷史悠久的大型鐵身帆船艦隊，還有船帆在港口隨風飄揚。另外，具有百年歷史的白堂精品飯店（Whitehall Inn），則供應最新鮮的夏日沙拉（包括紫蘆筍、榛果和龍蒿油醋醬）。

然而，最重要的景點應屬芒特迪瑟特島（Mount Desert Island）。緬因州最珍貴的自然資產——岩石海岸、高聳山巒、蔥鬱森林和寧靜池塘——全都集中在一個地方：阿卡迪亞國家公園。來這一趟，至少要到凱迪拉克山（Cadillac Mountain）看一次夕陽；海拔466公尺的凱迪拉克山，是北大西洋沿海地區最高的山峰。當然，海面上的日落也同樣壯麗。同時還能在最好的位置觀賞朗費羅筆下「波濤肆意翻湧」的場景，一邊啜飲東北港（Northeast Harbor）阿斯蒂庫旅館（Asticou Inn）的雞尾酒，令人難以自拔。

海岸線從阿卡迪亞國家公園凱迪拉克山的岩石峰頂一路向外延伸，看不見盡頭。

左頁：散步經過沿岸的傳統房屋。上圖：船隻停泊在奧甘奎特的帕金斯海灣。

行程規劃

住宿 ● 格雷斯白倉飯店（The White Barn Grace）是肯內班克境內幾間有150年歷史、溫馨安恬的小屋及套房，內附完整的浪漫設施：床上鋪著羽絨被、房內有壁爐、大理石浴室附按摩浴缸、花灑淋浴或蒸氣浴，最棒的是，和飯店預訂裝滿豐盛食物的野餐籃。
gracehotels.com

美食 ● 佩諾布斯科特（Penobscot）的巴格杜斯午餐屋（Bagaduce Lunch）位在一座寧靜池塘旁，距離芒特迪瑟特島約一小時路程，這間迷人的路邊蛤蜊屋是緬因州的傳奇，自助取餐臺供應好吃得要命的蛤蜊料理、龍蝦三明治、藍莓派和香草霜淇淋，讓你帶到池畔旁的野餐桌上大快朵頤！
207-326-4197

娛樂 ● 阿卡迪亞國家公園內最令人心醉的體驗之一，就隱藏在最明顯的地方：在喬丹池（Jordan Pond）畔散步環湖。結束約兩個半小時的散步行程後，還可到公園裡最受歡迎的茶屋，近距離享受自然奇觀：隱密的沙灘、雪白的白鷺，以及隨風搖曳的黑松林。

非洲

莫三比克

與世隔絕的迷人水世界

或許只有巴布狄倫寫下的〈莫三比克〉歌詞，真正捕捉到這個東非世外桃源的精髓：「晴空如海水般蔚藍，情人臉貼著臉，相擁起舞；在這裡停留一兩週，就你和我，攜手踏上愛情的旅途。」白日間的海洋令人心曠神怡，夜裡又那麼動人心弦；但莫三比克的魅力不僅於此——單桅帆船在東非海域航行，已有數百年的歷史；每一艘三角帆船揚帆破浪，在海面上劃出美麗的線條。這些傳統阿拉伯帆船化做浪漫渡輪，穿梭在巴扎魯托島（Bazaruto）和基林巴群島（Quirimbas）之間，印度洋的海水比狄倫歌聲裡的晴空更藍。

無論是一日遊、黃昏航程，還是最不可思議的多日「帆船之旅」（dhow safari）都能讓你深陷其中，難以自拔。

莫三比克的內陸風光也毫不遜色，尤其是尼亞沙湖（Lago Niassa）——在馬拉威的那一側稱為馬拉威湖（Lake Malawi）；在坦尚尼亞那一側，則被稱為尼亞薩湖（Lake Nyassa）。這座非洲大湖沿岸林木蔥鬱，水中滿是閃耀著寶石光澤的慈鯛魚，是一座浮潛客的天堂。湖邊還有許多莫三比克生態旅館，是安恬宜人的住宿選擇。狄倫說得一點也沒錯，如果剛抵達時，你還沒愛上莫三比克，到了離開的時候，你一定已經深深入迷。

左上圖：在馬特諾島（Materno Island）基林巴群國家公園海岸邊駕著單桅帆船的漁夫。中上圖：穿著傳統服飾的婦女。右上圖：在本蓋魯阿島（Benguerra Island）上的小屋，要強迫自己從四柱床上爬起來可不容易。

本蓋魯阿島上的私人小棚屋，提供一個涼爽有遮蔭的環境，讓你盡情享受與世隔絕的迷人沙灘。

行程規畫

住宿 • 超凡飯店集團（andBeyond）旗下在本蓋魯阿島的奢華度假飯店坐落的群島，由於棲地與生物種類繁多，同時也是一座國家公園。在島嶼柔軟的沙灘近海，有熱帶魚、海龜、鯨鯊、魟魚，以及非常討喜、長得像海牛的儒艮。回到陸地上，從茅草屋頂度假小屋的雙層無邊界泳池，就能看見牠們的家。更棒的是坐上旅館海灣的雙人鞦韆，一邊擺盪、一邊眺望海面。
andbeyond.com

美食 • 卡斯巴餐廳與沙灘酒吧（Casbah Restaurant and Beach Bar）位於維蘭庫洛（Vilanculos）的卡薩卡巴納海灘（Casa Cabana Beach）。前往本蓋魯阿島途中，會經過維蘭庫洛鎮。雖然沒什麼特別值得一訪的景點，但你一定會愛上這個充滿沙灘風情的餐廳。他們供應莫三比克最著名的新鮮海產──蝦類配上當地特色菜餚，如peri peri烤雞。一邊享用美食，一邊欣賞印度洋的景色，偶爾還能看見風箏衝浪客或漁船。
casacabanabeach.com

娛樂 • 別錯過本蓋魯阿島其他精彩景點，體驗最完整的當地魅力：島上巨大的沙丘、充滿紅鶴的溼地、淡水湖，以及悠閒的鄉村生活。超凡飯店會針對你的喜好，量身打造專屬行程。

加拿大

加拿大
大西洋沿岸

燈塔、海雀和其他自然奇觀

布雷頓角高地國家公園
（Cape Breton Highlands Park）的
天際線步道（Skyline Trail）景觀。

在歷史上，加拿大大西洋區的四個省分，在貿易與政治方面都是共同體；但除此之外，這一帶也是一個浪漫之地。當然，新布藍茲維（New Brunswick）、愛德華王子島（Prince Edward Island）、新斯科細亞省（Nova Scotia）、紐芬蘭與拉布拉多（Newfoundland and Labrador）或許也有經濟或文化上的連結，然而，它們最引人入勝的共通點，就是迷人的海濱風光。新斯科細亞省布雷頓角300公里長的卡伯特公路（Cabot Trail），是本區最知名的特色之一。沿著懸崖邊這條精采的環狀道路，開上幾天的車，就能抵達布雷頓角高地國家公園，園區內有多達26條健行步道、眾多麋鹿與黑熊，以及一座很不錯的高爾夫球場。如果你比較想從海上欣賞布雷頓角的景致，不如租一條獨木舟。參加多日遊，遊覽瀑布與野生動物的聚集地；也可以選擇一日遊，探訪許多鳥類棲息的溼地。

福古島飯店（Fogo Island Inn）坐落在岩地上，擁有廣袤無垠的大西洋海景。

芬迪灣（Bay of Fundy）則是本區另一個重頭戲，因為巨大潮差的影響，海床成為這裡獨具一格的特色景點。退潮時，大西洋的海水向後退落，使好望岩（Hopewell Rocks）完全露出水面。這些巨大的天然岩石結構，與復活節島的摩艾石像有些相似；無論是在岩石間散步，還是坐下用餐（見美食），都是別具粗獷風情的浪漫背景。

愛德華王子島上為數眾多的燈塔，是對航海生活最美的致意。一共52座燈塔，各有各的顏色、形狀與大小，一一矗立在島上知名的紅色懸崖邊。花一天的時間展開燈塔巡禮，來到允許登頂的燈塔時，記得爬到頂樓，遠眺一望無際的海景。一日巡禮後，如果還覺得意猶未盡，不如也在燈塔過夜──試試西點燈塔旅館（West Point Lighthouse Inn）的守望者房（Keeper's Quarters）或燈塔房（Tower Rooms）。

在紐芬蘭與拉布拉多省，海洋的魅力以截然不同的形式呈現：鯨魚。參加維特力斯灣生態保護區（Witless Bay Ecological Reserve）的遊船行程，是很棒的賞鯨方式。保護區由四座岩石小島組成，是許多座頭鯨及小鬚鯨的家；每到夏天，更能看見成千上萬隻海鳥，這裡還是北美大陸最大型的海雀聚集地。盡量選擇在6月前來，行經所謂的冰山巷（Iceberg Alley），在一座座每年從格陵蘭冰河崩落的極地冰山之間穿梭。

另外，來到在紐芬蘭與拉布拉多省，記得空出時間造訪福古島，一個與世隔絕的捕魚小島，島上近200公里長、景致優美的健行步道，最初或許是屬於北美馴鹿和狐

在布雷頓角，麋鹿的身影是尋常的風景。

狸的鄉間小路。傳說中，這些小路最初是愛侶在追求不同村莊的情人，而刻畫出來的。親身體驗浪漫之地的氛圍後，這個傳說似乎也滿可信的。

行程規畫

住宿 ●福古島飯店美得令人驚嘆的玻璃和木造建築，與世隔絕，建在木樁上，以減少建築在地面留下的痕跡。它也被列入國家地理旅遊全球精選特色飯店，大片落地窗及舒適的傢俱，讓房客盡情享受絕美的海景。體驗過飯店大廳、圖書室、劇院和頂樓按摩浴缸後，不妨嘗試飯店的健行、遊船或單車服務。
fogoislandinn.ca

美食 ●「海床用餐」是飛翔圍裙旅館＆餐廳（Flying Apron Inn & Cookery）夏季特訂日期才有的服務，還需事先預訂（視天候狀況而定）。光地點本身──退潮後芬迪灣在地下15公尺處的海床──就非常精彩，完整體驗包括餐前覓食、共四道菜的海鮮盛宴，搭配當地葡萄酒佐餐、溫暖的篝火，以及柏恩寇特海角公園（Burntcoat Head Park）的化石與潮間帶水池導覽，參觀地球上記錄過最高的潮汐。
flyingaproncookery.com

娛樂 ● 潮汐漲退劇烈，讓舒貝納卡迪河（Shubenacadie River）成為泛舟的最佳地點。芬迪灣的水奔湧進入狹窄河道，形成湍急的流水，這種現象叫做湧潮，小舟將隨著洶湧的激流前行，體驗無盡的刺激快感。你們或許會想緊抓住對方，但別忘了繼續向前划。
tidalboreadventures.ca

南法

世界上許多備受喜愛的藝術品靈感來源

向日葵與薰衣草點綴下的普羅旺斯
凡登自然公園（Verdon Park）

風景如畫是個老掉牙的詞彙，尤其在旅遊界已經是陳腔濫調了。但用這個詞來描述南法（LeMidi），卻恰恰當得不可思議；只要想想有多少藝術家曾經在這裡居住過、繪畫過，有多少作品被收藏在美術館中，就能明白箇中原因。隨意舉例，就有夏卡爾、畢卡索、梵谷、塞尚、馬諦斯，以及雷諾瓦，他們的大作有許多以當地景色為主題。因此在南法會有一種特殊的感受——明明從沒來過，但無論走到哪，都感覺似曾相識。

在普羅旺斯的雙叟酒館（Brasserie Les Deux Garcons）停下腳步，啜飲啤酒或雞尾酒。

當然，讓南法地區深具藝術氣息的特質，也讓它浪漫得無以復加——迷人的燈光、祕密沙灘、古老遺跡、葡萄園，以及坐落在峭壁頂端的村落，夏季的薰衣草與向日葵花園更是令人嘆為觀止。這種專屬南法的的景色，吸引無數遊客前來賞花（和香氣）。

即使不是專程為了賞花而去，也應該盡量安排在7月前往（不要晚於8月初），才能一窺普羅旺斯舉世聞名的紫黃色夢幻奇景。雖然薰衣草路線（Routes de la Lavande）多不勝數，但最具代表性的，還是位在塞農克修道院（Senanque Abbey）前，靠近山間的金色石頭城：戈爾代（Gordes）；以及在香水古城格拉斯（Grasse）的花田。至於向日葵，開車經過亞耳（Arles）公路邊的花田，親眼目睹讓梵谷畫出各種向日葵畫作的靈感來源（亞耳也是名作〈星空〉的創作地），驚嘆如今的地形風貌與當時有多相似。

另一種當地熱門繪畫主題是靜物與葡萄酒。在這裡，藝術家毫不費力就能找到靈感來源——普羅旺斯境內擁有超過20個葡萄酒產區，以及給夏季來訪遊客的意外驚喜：幾支世界上最著名的粉紅酒。海濱度假小鎮邦多（Bandol）是個格外美麗的品酒據點。要品嚐粉紅酒，可以前往碧寶儂城堡酒莊（Chateau de Pibaron），一座四下延展的城堡莊

行程規劃

住宿 • 艾澤城堡酒店（Chateau Eza）擁有400年歷史，曾是貴族的居所，是里維耶拉（Riviera）浪漫氛圍的極致。保存完好的中世紀小鎮艾日（Eze），就位在城堡下方，俯瞰海面。預訂一間附私人露臺的客房，盡情欣賞聖特羅佩（St. Tropez）與科西嘉島（Corsica）等美景。
chateaueza.com

聖雷帕拉塔大教堂（St. Reparate Cathedral）
是尼斯舊城區廣場的焦點。

在蔚藍海岸，山城、精美的橋梁和藍色的海岸線，都是俯拾即是的景色。

園，俯瞰地中海；也可以到桑特安妮城堡酒莊（Chateau Sante Anne），附近就是古老的石城埃弗諾（Evenos）。沿著海岸線，距離邦多不遠處，在另一個完美的粉紅酒朝聖地卡西斯（Cassis），可以看見馬格德萊納酒莊（Clos Ste. Magdeleine）廣受推崇、古老而迷人的葡萄園。酒莊的梯田邊，就是長達430公里的卡朗格峽谷國家公園（Parc National des Calanques）受保護的蔚藍海水。

要尋找另一種繪畫背景，當地有許多著名羅馬遺跡，在許多大師級作品中都出現過，但親身體驗絕對更加浪漫。參觀這些古老文物的最佳方式之一，是從水上觀賞。你可以直接下水游泳，或者租一艘獨木舟，沿著加爾東河（Gardon River）經過有2000年歷史的嘉德水道橋（Pont du Gard）下。或者，來到星空下同樣歷史悠久的奧朗日古羅馬劇場（Theatre Antique in Orange）；夏季期間，還有許多音樂表演。或者爬上亞耳競技場（Arles Arena）頂端——過去最便宜的廉價座位，是如今視野絕佳的觀景點，以及最適合野餐的地方。

想認識普羅旺斯的另一面，就前往充滿貴族氣息的艾克斯（Aix），欣賞巴洛克建築和迷人的公共空間；最受歡迎的非米拉波大道（Cours Mirabeau）莫屬，這條美麗的林蔭大道沿路種植行道樹，噴泉林立，連行人都賞心悅目。沿著人道漫步是個很浪漫的體驗，但也別錯過在18世紀的雙叟小酒館露天座位欣賞街景的機會，享受與曾造訪此處的藝術家（包括畢卡索和塞尚等人）相同的視野。

其實，塞尚就是在艾克斯長大，並在這裡作畫多年。參觀他在勞夫（Les Lauves）的畫室，還能看到他用過的畫筆、畫板和靜物。想要更浪漫的行程，可以前往時常作為他創作靈感的聖維克多山（Mont Sainte- Victoire）迷人的步道、17世紀小修道院、小型洞穴教堂，以及被稱為蒼蠅峰

行程規劃

美食 • 在露臺樹蔭下，眺望聖特羅佩港景觀，同時享用金色浪潮餐廳（La Vague d'Or）獲米其林星級肯定的地中海料理。特色菜單包括：海水烹煮的大比目魚、香茅和海藻。
vaguedor.com

在艾澤城堡酒店的精緻客房住一晚，躺在床上就能欣賞令人驚嘆的美景。

（Pic des Mouches）的聖維克多山頂峰，俯瞰普羅旺斯的壯麗景色；天氣晴朗時，甚至能看見海洋。

　　是的，就是海洋——南法夏季另一項不可或缺的元素。法國里維耶拉（又稱蔚藍海岸）緊鄰普羅旺斯，可能也會令你感到似曾相識——或許是在莫內筆下的安提布午後、馬諦斯所繪的尼斯灣，或波納爾作品中坎城（Cannes）的船隻（可說是現在每年5月，因國際影展大量湧入的船隻的前輩；不過規模小多了）。

　　儘管上述這三座城市都不容錯過，但蔚藍海岸還有其他鮮為人知的景點，魅力不減卻更寧靜安恬。濱海泰烏勒

（Theoule-sur-mer）小鎮的水上酒吧和咖啡廳宜人可愛；濱海自由城（Villefranche-sur-mer）是一座靠近尼斯的古老漁村，更擁有美麗的沙灘。若想要更別緻的選擇，可以前往

行程規劃

娛樂 ● 體驗島嶼生活。前往位於馬賽與坎城之間的耶爾群島（Iles d'Hyeres，由於島上岩石帶有金色光澤，又稱黃金群島〔Iles d'Or〕），遠離蔚藍海岸的喧囂。波克羅勒島（Porquerolles）絕對是每個人的最愛；這裡有未開發的海灘、19世紀村落，以及蓊鬱的樹林。

費拉角（Cap Ferrat）的帕洛瑪海灘（Paloma Plage），體驗極清澈的海水，甚至可以看見海底潛水客的身影。

或者，往內陸開個大約15分鐘的車，來到迷人的山城聖保羅（St. Paul de Vence）；在這裡，中世紀與現代元素完美結合。這座歷史悠久的城鎮（里維耶拉地區最古老的城鎮之一）是瑪格基金會現代美術館與雕塑庭園的所在地，還有其他出色的現代藝術作品。另外，聖保羅同時擁有冰雪覆蓋的阿爾卑斯山景，另一邊更有地中海海景。

回到你在蔚藍海岸的巢穴（見住宿），發揮創作精神，為彼此畫肖像（就像現代畢卡索與吉洛）。別擔心，在這裡你會耳濡目染、潛移默化，培養出藝術天分。更別說沒有比這更浪漫的紀念品了。

卡西斯市色彩繽紛的房屋，倒映在碼頭的水面上。

克羅埃西亞
達爾馬提亞海岸
大理石街道、蔚藍海水和其間數不盡的珍寶

作為浪漫的背景，達爾馬提亞可說是穿越時代、歷久彌新。它既是《冰與火之歌：權力遊戲》（Game of Thrones）中的婚禮取景地，也是碧昂絲和傑斯生孩子前度蜜月的地點（他們為女兒取名布露艾薇，據說靈感來自一種當地的樹）。夏季是探訪達爾馬提亞的最佳時節——清透碧藍的海灣中，海水已經暖了起來，所有美味的食物都正值當季，日照時間更長，讓遊客有更多時間徜徉在海灣、懸崖、沙灘，以及柏樹林中。飛機一降落在杜布洛尼（Dubrovnik），立即就能體會到它號稱「世界珍寶」（Thesaurum Mundi）的原因；尤其是沿著城牆漫步的時候。杜布洛尼城牆初建於9世紀，在14世紀和15世紀加強防禦工事，最後高度超過25公尺，讓21世紀的遊客可以一覽美麗的市景，遠眺紅色屋頂、巴洛克建築圓頂，以及附近亞得里亞海的波光粼粼。

想觀賞更廣闊的城市與海洋景觀全貌，可以健行或搭乘纜車，登上杜布洛尼的瑟爾德山（Mount Srd），19世紀的堡壘和21世紀的酒吧餐廳共存一點也不突兀，——在晴朗的好天氣，視野可以觸及60多公里遠。

從耀眼的大理石街道和祕密小巷，到教堂的圓頂，在一整天的市區行程之後，前往世界上最浪漫的日落景點之

左上圖：沿著克爾卡國家公園的木板小徑，前往斯卡丁斯基布克瀑布（Skradinski Buk），以及底下的天然泳池。中上圖：在杜布洛尼這座美麗的城市，到處都很適合自拍。右上圖：到沃瑟拉別墅飯店（Villa Orsula）的餐廳露臺，配著美麗的市景用餐。右頁：《冰與火之歌：權力遊戲》許多幕，都是在照片中沐浴在夕陽下的科楚拉島（Korcula Island）取景。

一：布薩（Buza）。這間咖啡酒館又暱稱為「牆上的小洞」（hole in the wall），位於舊城區南面城牆，彷彿懸空嵌在海濱峭壁上。除了享用冷飲和小點心，欣賞無可比擬的亞得里亞海美景，這裡還可以到當地人稱為「獅子」的懸崖上，體驗懸崖跳水。即使不親自體驗，旁觀其他勇士跳下的英姿，也值得跑這一趟。

達爾馬提亞海岸的島嶼也在向你招手，引你前去。最近的島包括洛克魯姆小島（Lokrum，從杜布洛尼搭乘渡輪僅15分鐘路程），島上有美麗的植物園、本篤會修道院、自由放養的孔雀、可下水游泳的鹹水潟湖——如果是《冰與火之歌：權力遊戲》的粉絲請注意，還有影集中的魁爾斯城。再走遠一點，搭乘渡輪北上約三小時，就會抵達赫瓦爾島（Hvar），島上一座座名人別墅緊鄰哥特式宮殿建築。

最近崛起的科楚拉島距離赫瓦爾島不遠，島上的漁村、石灘、葡萄園、橄欖林，以及舊城鎮（很可能是馬可波羅的出生地），非常適合一日遊的行程。別忘了在馬特小酒館（Konoba Mate）停留；這是間由家庭農場改建的餐廳，供應最出色的達爾馬提亞傳統料理。推薦品嚐「勞工拼盤」（Labourers Plate，以當地美味食材做出的開胃菜）和招牌鼠尾草糖漿。

當然，美景並不限於海岸地區；往內陸方向移動，前往克爾卡國家公園（Krka National Park），造訪多層的斯卡丁斯基布克大瀑布與天然泳池。你可能曾在《冰與火之歌：權力遊戲》第四季，看過這片充滿鄉村風情的景色。無論你是不是這部影集的死忠粉絲，達爾馬提亞海岸對你有同樣的影響，讓你想不受打擾，一口氣看完全部美景。

杜布洛尼是世界文化遺產之一，擁有美麗的鵝卵石街道與歷史悠久的建築；因此在這裡用餐，露天坐位才是首選。

右頁：克爾卡國家公園內奔流直下的瀑布。上圖：在杜布洛尼的沃瑟拉別飯店預訂皇家套房，就能擁有這樣的景觀。

行程規劃

住宿．杜布洛尼的沃瑟拉別墅飯店是亞得里亞海岸的一幢古老的貴族居所，經翻新整修後，除了有海濱庭園、舊城區全景景觀、有侍者服侍的私人海灘，偶爾還能瞥見《冰與火之歌：權力遊戲》中蘭尼斯特家族出現的場景——這座美麗的石造別墅附近，就是拍攝期間劇組的住宿地點洛克魯姆島，你可以特別要求有海景或港口景觀的套房。
adriaticluxuryhotels.com

美食．佐利餐廳（Zori）位在距離赫瓦爾島不遠的一座隱蔽小島上，擁有不可思議的亞得里亞海景觀，以及美味至極的當地特色料理，如香腸肉餅（crepinette）裹鱸魚排，佐達爾馬提亞香草、無花果、接骨木花和柑橘。或者奢侈一點，嘗試特選菜單上的燉龍蝦與海螯蝦松露義大利寬麵。
zori.hr

娛樂．達爾馬提亞最大城斯普利特（Split）結合了現代都會生活與悠久的歷史，值得細細品味。最不容錯過的景點，首推由4世紀羅馬皇帝所建造的同名皇宮：戴克里先宮（Diocletian's Palace）。這座宮殿曾容納成千上萬人居住，包括200多棟建築。周遭有壯麗的山巒與亞得里亞海的蔚藍海水，同樣無可比擬。

西班牙

聖塞巴斯提安

女王也著迷的夏日娛樂場

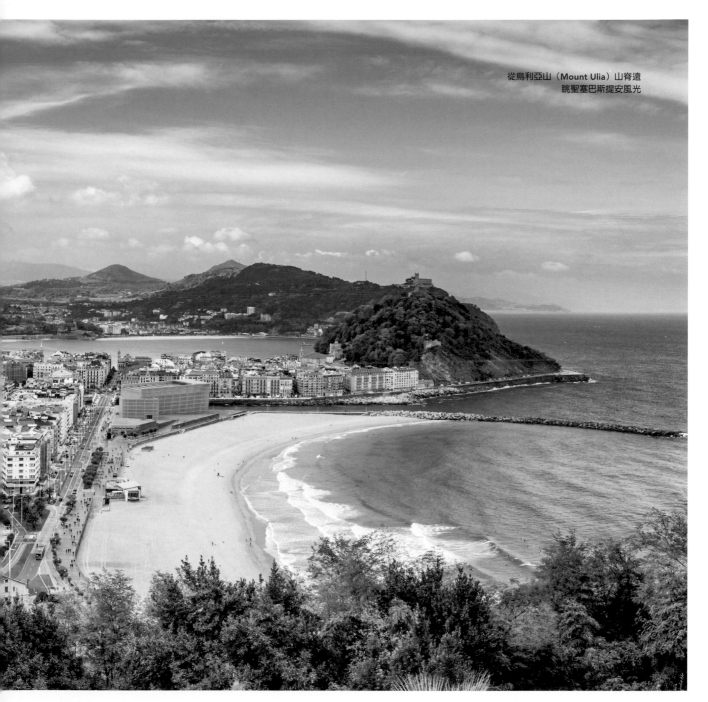

從烏利亞山（**Mount Ulia**）山脊遠
眺聖塞巴斯提安風光

如果王室還有什麼值得信賴的地方，那肯定是他們對度假地點的品味。但將近125年前，當英國女王伊莎貝拉二世指定聖塞巴斯提安為王室夏日度假地時，她對這個地方還一知半解。女王只注意到完美的天氣和海灘，根本無從得知，未來的西班牙貴族，在街上能吃到比宮殿裡更美味的食物。她不會知道這座城市將贏得歐洲文化之都的殊榮，或者聖塞巴斯提安在夏季將成為一場大型慶典。也就是說，在造訪這個美麗的巴斯克城市時，你不會體驗到貴族的生活——而是過得比貴族更精彩。後來聖塞巴斯提安經歷「美食大爆炸」，成為米其林餐廳遍布的城市，許多饕客都專程為一飽口福而來（見美食）。當地小吃pintxo（開胃小菜tapas的一種）也頗負盛名。而現在的老城區（Parte Vieja）已是「txikiteos」（巴斯克語「pintxo巡禮」的意思）的熱門區域。

走在以19世紀建築作為背景的蜿蜒鵝卵石小路上，你可以遵循傳說中「rutas de pintxos」（開胃小菜之路）的指引，或者隨個人喜好決定路線。無論是哪種方式，都不要錯過幾間評價極高的選擇——天堂酒吧（Bar Zeruko）、黑色

沿途裝設鐵欄桿的海濱步道，是欣賞貝殼灣（Concha Bay）夕陽的絕佳地點。

火焰（Fuego Negro），以及岡巴拉（Ganbara）——品嚐各種美食，從炸肉丸到西班牙式迷你漢堡都別放過。

聖塞巴斯提安經歷了一系列的革新與進步，讓它獲得歐洲文化之都的頭銜。例如，一間老舊的菸草工廠經過改建，成為迷人的塔巴卡雷拉國際現代文化中心（Tabakalera International Centre for Contemporary Culture），有許多展覽、演出、工作坊與放映會。經過翻修以後，迷人的16世紀修道院建築裡的聖太摩博物館（San Telmo Museum）拓展了空間，讓遊客更進一步探索巴斯克社會的演進。

並不是所有的本地文化都這麼嚴肅——尤其是在夏天一系列節慶開始以後，可以盡情慶祝每個月的主題：6月的衝浪電影節（Surfilmfestibal）、7月的國際爵士節，或8月的狂歡週（Aste Nagusia，充滿音樂、舞蹈和酒的巴斯克式派對）。

儘管聖塞巴斯提安改變甚多，但最初吸引伊莎貝拉二世的魅力至今仍在。其中最著名的是貝殼海灘（La Concha beach），又被稱為「坎達布連海的珍珠」。你可以隨意體驗這一區的餐廳和美景，但貝殼灣咖啡館（Cafe de la Concha）能夠提供二合一的極致享受。隨後在海濱步道漫步；沿路那些本世紀初裝設的鐵欄桿，本身就是這條路最具代表性的標識。

另外，也別錯過衝浪聖地：蘇里奧拉海灘（Zurriola）；最受歡迎的日光浴：歐德雷塔海灘（Ondarreta）；以及

品嚐聖塞巴斯提安式的傳統開胃小菜。

僻靜的聖克拉拉島（Isla Santa Clara）海灘。下水泡一下，順便喝一點——完全是王公貴族的享受。

行程規畫

住宿 • 瑪麗亞克里斯蒂娜飯店（Hotel Maria Cristina）是一間全新翻修過的美好年代時期建築，於1912年由瑪麗亞克里斯蒂娜女王親自舉行開幕儀式，至今已有無數王室成員（往往是好萊塢那種）造訪過。由於就坐落在烏魯梅阿河（Urumea）河岸，許多房間都有美麗的河岸景觀，周遭盡是知名建築、美食與娛樂場所。饕客可以體驗飯店提供的烹飪課程（建議選切伊比利火腿或製作西班牙海鮮飯的課程），向聖塞巴斯提安當地美食文化致意。也可以選擇品嚐最受歡迎的pintxos小吃拼盤，搭配佐餐葡萄酒。
hotel-mariacristina.com/en

美食 • 阿克拉雷餐廳（Akelarre，意為「魔法」）占了聖塞巴斯提安16顆米其林星星中的3顆，提供絕佳景觀與新式巴斯克料理（Nueva Cocina Vasca）。菜單每季都會變，供應過的熱門菜色包括石斑魚佐蘆筍，以及用食用紙包的蘋果塔。
akelarre.net/en

娛樂 • 來爬一下山。這座城市外圍環山，山峰上風景絕美。從伊古爾多山上的同名塔樓（Igueldo's Tower）開始，欣賞令人驚嘆的貝殼灣及城市景致。如果胃裡塞了太多小吃，沒辦法親自爬上山的話，也可以搭乘（巴斯克地區歷史最悠久的）登山小火車前往山頂。

葡萄牙
亞速群島
大西洋深處的火山島世外桃源

選 一幅歷史悠久的迷人葡萄牙城市景觀,將它空運到海外1500公里,拋到大西洋上活躍的原始火山群島上——就能得到亞速群島的複製品。在第一批殖民地開拓者帶著羊群與葡萄藤抵達後,至今已過700年;這九座島嶼屬於葡萄牙領土,是歐洲最西邊的偏遠地帶,同時也是原始自然與大陸文化最瘋狂的融合之處。旅客來訪時降落的地點——聖米格爾島(Sao Miguel),就很適合體驗這種融合氛圍。聖米格爾島又稱綠島,是亞速群島地區的行政首都:蓬塔德爾加達(Ponta Delgada)的所在地。至少空出一個下午,在城鎮中心悠閒漫步,欣賞當地最具代表性的黑色火山岩點綴純白屋牆;色彩繽紛的漁港;以及最美麗的葡萄牙式裝飾:鋪滿漩渦狀馬賽克磚的人行道。

在城鎮邊界之外,不論朝哪個方向走,都可以看見當初火山活動留下的痕跡,引人入勝。前往蒸氣繚繞、翻騰活躍的小鎮弗納斯(Furnas),盡情感受熱氣蒸騰的特殊體驗。精采景點包括:Caldeira Velha森林公園,可以游泳穿越四下叢林繁茂的溫泉瀑布;波瓦桑天然溫泉(Poca da Dona Beija),在一條可愛的小溪流旁,有一系列的溫泉浴池;以及特拉諾斯特拉酒店(Terra Nostra Hotel),內有大型溫泉游泳池與蔥鬱的植物園,還可以品嘗用火山蒸氣烹煮的

左上圖:亞速群島符合所有浪漫條件:陽光、柔軟的沙灘,以及美麗的海景。中上圖:來到亞速群島,記得品嘗葡萄牙甜酒搭配開胃菜。右上圖:盡情遊覽卡德拉費拉亞里葡萄酒區。右頁:草木繁盛的特拉諾斯特拉花園。

特色料理——葡萄牙燉菜（cozido），甚至參加烹飪課，學習如何製作這道美食。

讓弗納斯霧氣蒸騰的自然力量，同時也創造出許多火山口湖；無論是步行、騎單車還是透過水路前往，這個景點都不容錯過。其中最著名的七城湖（Sete Cidades），湖畔是一片盎然綠意。當光線灑下，雙湖一座呈現綠色，另一座卻呈現藍色。當地傳說，過去有一對不被允許相愛的情人——一個綠眼男孩和一個藍眸女孩被迫分離，他們流下無止盡的淚水，最終形成了這兩座湖。至於火湖（Lagoa do Fogo），雖然沒有七城湖那樣淒美的背景故事，同樣值得一訪。前往火湖的途中，還會經過充滿神祕氣息、像是魔戒裡「魔多」的地貌。

就算整段假期只待在聖米格爾島，也不會無聊；但為了多感受不同的風光，還是該撥出一點時間，造訪其他島嶼。如果你的時間只夠前往其中一座，那麼皮庫島（Pico）會是最佳選擇；島上的同名火山是葡萄牙海拔最高的山峰。健行登山的旅客攀上高峰，來到霧氣繚繞、令人驚嘆的頂峰，就能一覽周遭島嶼的美景。如果想嘗試另一種健行，不如到瑪德蓮娜城（Madalena）的Criacao Velha葡萄酒區走一遭。漫步在葡萄園內，數百年前為了保護葡萄不受海風與漲潮傷害而建造的火山岩石牆，依然矗立在原地，讓這裡產出芳醇的佳釀，可以到迷人的拜亞達巴卡酒店（Lugar da Barca）的酒窖酒吧品嚐看看。

還想體驗其他當地特色？那就試試賞鯨和賞海豚行程。這個區域有超過20種鯨魚和海豚，包括遊客眼中的巨星——巨大的抹香鯨，都在夏天出沒。

要為一天劃下句點，最精采的方式，就是到拉日什杜皮庫（Lajes do Pico）看夕陽。身後是古老的葡萄牙漁港，前方是波光粼粼的大西洋，身邊則是你最渴望共享美景的另一半。

亞速群島既有陽光沙灘，又有翠綠青山；同時呈現兩種風貌。

右頁：七城湖的聖尼古拉教堂（Sao Nicolau church）。上圖：沿著火湖沿岸步行遊覽，欣賞不可思議的美景。

行程規劃

住宿 • 弗納斯精品溫泉水療飯店（Furnas Bou-
tique Hotel, Thermal & Spa）直接以所在地命
名。原址是19世紀溫泉熱浴中心改建，飯店裝潢
設計精緻，大廳有一座巨大水池模擬當地瀑布，
讓人想要立即沉浸其中。不出所料，飯店內也有
一流的溫泉水療設施。
furnasboutiquehotel.com

美食 • 馮提庫辛餐廳（Fonte Cuisine Restau-
rant）就在一幢僻靜的海濱莊園內。夏日可以坐
在綠意盎然的庭院，品嚐當地特色料理，如柔軟
的皮庫乳酪（queijo do pico）和料很多的魚湯。
餐後在充滿田園氣息的鄰近地區信步漫遊，通往
海洋的小徑會通往賞鯨塔，或許可以在上面看見
幾隻海豚或抹香鯨。
aldeiadafonte.com

娛樂 • 跳下大西洋畔的天然泳池游泳──這些「
水坑」（pocas）內充滿海水，周圍岩石環繞，形
成天然屏障，在裡面就不會被洶湧的海浪撞上。
皮庫島上最浪漫的地點，是與世隔絕的白池
（Poça Branca）──一座位於普賴尼亞
（Prainha）的天然泳池。或者，也可以到鱈魚池
（Poça do Bacalhau）91公尺高的瀑布底下游
泳。
paris.fattirebiketours.com

中國

雲南省

山巒、寺院和西藏風情

追 求浪漫氣氛的人到雲南旅遊，只需要知道一件事——這個位在中國西南隅的省分，是香格里拉的故鄉。是的，地圖上真的寫著「香格里拉市」。這一帶原本不叫這個名字；但在全世界都迷戀上香格里拉——名著《消失的地平線》中，喜馬拉雅山上的世外桃源——以後，許多地方政府都在爭奪現實世界的香格里拉稱號，並向北京政府申請改名。抵達當地的住宿地點後（見住宿），馬上就會明白，為什麼最後這個殊榮會頒給雲南省。在這裡就可以看見喜馬拉雅山天際線，草木蔥鬱、霧氣朦朧的山坡、藏式農舍、河畔的犛牛，以及擁有數百年歷史的寺院，五彩繽紛的旗幟在上頭隨風飄揚。總而言之，確實會讓人想起詹姆斯・希爾頓筆下的烏托邦。

步行在波光澄澈的碧塔海沿岸，一覽令人驚嘆的香格里拉全景。碧塔海是雲南海拔最高的湖泊，被稱為「高原明珠」。遊覽時，記得注意山羌的蹤跡，這是一種機靈可愛的嬌小動物，別名叫「吠鹿」（非常符合特點的暱稱）

左上圖：麗江古城中，掛在餐廳外的紅燈籠。中上圖：在仁安悅榕莊的篝火旁度過夜晚時光。右上圖：松贊林寺（又稱噶丹松贊林寺）是香格里拉市內的藏傳佛教寺院。右頁：在麗江的日落時分，燈籠映照著運河。

。接著造訪17世紀的松贊林寺，打造這座雲南境內規模最大的藏傳佛教寺廟，是在向布達拉宮遙致敬意。如果覺得意猶未盡，可以駕車再往北開幾小時的路程，行經村落和壯觀的石灰岩結構，直到抵達白馬雪山埡口。這座滿是高山植物的仙境內，有原始林與滇金絲猴，以及夏季才有的漫山遍野的杜鵑花。

　　但你終究得向香格里拉告別，出發探索其他的雲南風光。別猶豫，雲南省能帶給你數不盡的視覺和文化饗宴。這裡向來以具有眾多的少數民族聞名，來到雲南旅遊，可以體驗到各種不同的菜色（見美食）、聽見各種不同的語言（例如東巴語，就被認為是世上僅存仍在使用的圖畫象形文字）、欣賞各種傳統服裝（最值得注目的是傳統彝族婦女頭上像盤子一樣的黑色帽子）。

　　雲南的自然景觀也同樣令人驚嘆。你可以穿越虎跳峽——地球上最深的河谷之一——感受自然風光；在黑龍潭公園，靜望18世紀黑龍潭水面上的玉龍雪山冰河倒影（左圖）；乘氂牛走入白水臺；或者遠眺揚子江第一道河曲，看那段著名的河道急轉，穿過青翠的柳樹、陡峭的山峰，以及古老的藏族房舍。

　　當然，雲南也並不只有自然風光。若想體驗它屬於城鎮的那一面，花一天時間，在世界遺產麗江古城的水道與橋梁間漫遊。入夜後在露天酒吧或運河兩岸，可以看到有人雙方互相挑戰唱歌。雖不是想像中的烏托邦，但還是非常有趣；大概可以算是屬於《歡樂合唱團》粉絲心目中的香格里拉。

在黑龍潭公園近距離欣賞玉龍雪山。

左頁：香格里拉市一名當地婦女扛著牧草。上圖：仁安悅榕莊的藏式水療客房。

行程規畫

住宿 • 仁安悅榕莊是國家地理旅遊全球精選特色飯店，以傳統西藏農舍為雛形打造——畢竟這座喜馬拉雅世外桃源，就位在雲南省内的西藏區。當然，與傳統農莊相比，悅榕莊多了一些服務，比如任房客選擇的各種枕頭、水療中心水準的泡澡浴缸等等。即便如此，這裡還是保有田園氣息，特別是看到穿著鮮豔服飾的當地牧民，帶著氂牛經過，前往鄰近河流的時候。
banyantree.com

美食 • 壹餐廳坐落在束河古鎮中，供應當地泛亞洲菜色與納西族特色料理，使用產地新鮮直送的食材。這間餐廳建築歷史悠久，擁有露臺與種滿花朵的庭園，位置隱蔽，很不好找；但是在雲南古鎮迷路，也是一種樂趣。
麗江市古城區仁里路4社14號

娛樂 • 仁安悅榕莊提供許多行程可供選擇，其中香格里拉文化健行之旅格外精彩。在一小段宜人的健行路程後，會帶旅客到當地農舍，品嚐自製氂牛乳酪和氂牛奶茶（都是屋外那些氂牛的貢獻）。另外，也會前往古老的松林和鄰近寺院參觀，探訪有800年歷史的大寶寺。

秋天為斯洛維尼亞的布來德湖（Lake Bled）帶來繽紛的色彩。

秋天
FALL

義大利

威尼斯

世界上最浪漫的城市

卡沙諾瓦（Casanova）的故鄉、名流寵妓的發源地，莎士比亞筆下，邱比特射出無數愛神之箭的現場——歡迎來到威尼斯，此地的浪漫有如脫韁野馬，絲毫沒有慢下腳步的跡象。擔心貢多拉小夜曲太俗氣嗎？你還是不會錯過的！當然，哈利酒吧（Harry's Bar）的蒂多貝里尼氣泡酒，以及花神咖啡館（Caffè Florian）的卡布奇諾也是一樣。

花神咖啡館於從西元1720年開業至今，仍坐落在聖馬可教堂廣場（Piazza San Marco）上同一棟優雅的建築物中。威尼斯的浪漫名勝令人難以抗拒——這些景點絕對名實相符，少了夏日的人潮，再加上秋天的清新空氣，就更有情調了。

威尼斯有150條水道，自然有不少人跡罕至、充滿浪漫風情的運河。不妨到無數旅客拍過照片、但卻很少實際造訪的大哉聖喬治島及教堂（San Giorgio Maggiore）。教堂的鐘塔望出去的景緻，令人無比驚艷。你也可以去威尼斯的古典音樂家文化協會Musica a Palazzo，體驗與眾不同的美妙歌劇：劇中每一幕都由七位演員在不同的房間上演，觀眾能夠實際跟著劇情移動，有時還能參與其中。以《茶花女》為例，你會在薇歐蕾塔即將找到真愛時和她一同祝酒。在浪漫滿溢的威尼斯，女主角唱著劇中最受喜愛的副歌時，你當然要和這位浪漫的代表人物一起舉杯共飲吧！

左上圖：一起在美麗的聖馬可廣場品嚐咖啡。中上圖：在日出時抵達聖馬克教堂廣場避開人潮，欣賞壯麗的景緻。右上圖：到布拉諾島參加更多運河遊行程，沿途能看到色彩豐富的民家。

在Osteria da Fiore享用晚餐，不但看看不完的運河風景，還不時會有貢多拉小船經過。

行程規畫

住宿 • 格瑞提皇宮酒店（The Gritti Palace）建於
1475年，是當時威尼斯總督官邸，後來成為梵蒂
岡大使的住所，在1895年變成現今這座受歡迎的
飯店。飯店招待過的名人有鮑嘉、白考兒、丘吉
爾、卓別林、史特拉溫斯基、史普林斯汀以及傑
格。每間客房都不盡相同，但有些可以看到大運
河的風景，記得在訂房時提出要求。
thegrittipalace.com

美食 • 在餐廳Osteria da Fiore用餐，從用鮮花裝
飾的窗戶欣賞運河風景（預先訂位才能搶到用餐
區最尾端的兩張桌子之一），品嘗能與風景比美
的米其林星級菜餚：鱸魚佐巴薩米可醋就是特別
出色的料理之一。
dafiore.net

娛樂 • 來趟運河探險，順便運動一下。Venice
Kayak公司提供各式行程，不管是划船環繞色彩
繽紛的布拉諾島一圈，還是特別浪漫的大運河夜
遊，都應有盡有。如果你們當中有人是新手，或
是想無時無刻都黏在一起，就訂雙人獨木舟吧！
venicekayak.com

加州

碧蘇爾

滿佈寶藏的寧靜海灣

從朱利亞・菲佛・博恩斯州立公園
（Julia Pfeiffer Burns State Park）
眺望碧蘇爾，沿岸點綴著小海灣。

儘管碧蘇爾的魅力難以用言語形容，許多對此地迷戀不已的作家還是以它為書寫對象，也許描述得最好的是曾旅居此地的小說家亨利・米勒：「碧蘇爾是人們多年前夢想的加州，是探險家巴波亞從達連峰（Peak of Darien）所看到的太平洋……是造物者想塑造出的地表樣貌。」的確，碧蘇爾帶著某種原始美。人跡罕至的聖路西亞山脈（Santa Lucia Mountains）一路陡峭延伸入太平洋，形成閃耀著碧綠色水光的海灣。紅杉木筆直入雲地生長，有的地方濃蔭遮天，分不清當下是什麼時間。鯨魚不斷地巡遊海岸，噴灑出的壯觀水花在金色的陽光中舞動。

雖然碧蘇爾的景色終年都如此動人，但最美的時節還是在秋天：天氣仍舊暖和，但夏天的霧氣已散去，白天幾乎都是陽光普照，夜晚的天空則星斗滿佈。野生動物也是一大賣點，除了已經在這兒待上數個月的藍鯨、座頭鯨和虎鯨之外，還有遷徙過來的蜂鳥，以及數以千計的帝王蝶。每年十月是帝王蝶群聚在安德魯・莫拉州立公園

早點去波斯特農莊酒店的 Sierra Mar 餐廳，找個戶外的位子欣賞日落。

（Andrew Molera State Park）的高峰期。

要享盡上述的樂趣，一般是沿著海岸駕車，不時在眺望點停下來欣賞風景，途中景點眾多，在喀美爾（Carmel）往南約21公里的地方，你會看到世界上最高的單跨水泥拱橋之一—比克斯比橋（Bixby Bridge）。

不過，健行同樣會有非常好的收穫。從懸崖往下看，碧蘇爾的海灣好像遙不可及，但有些海灘其實可以步行抵達。舉例來說，在玉灣步道（Jade Cove Trail）上可以看到開闊的海岸風景，還能往下走到海灘上尋找玉石（沒錯，海岸上真的有玉石）。或者沿沙錢海灘步道（Sand Dollar Beach Trail）前往碧蘇爾最連綿的沙灘，尋找更多的綠色寶藏。

除此以外，健行穿越林間也是不錯的選項。費佛碧蘇爾州立公園（Pfeiffer Big Sur State Park）的費佛瀑布和河谷景觀步道（Pfeiffer Falls and Valley View Trails），讓你近距離接觸巨大的紅杉木，還能欣賞瀑布的風景。如果還想繼續走，可以前往碧蘇爾河峽谷的遠眺處。

走到全身痠痛怎麼辦？當地最棒的療法就是溫泉。伊薩冷水療中心（Esalen Institute）位在海邊懸崖，以有療效又富含礦物質的泉水聞名。別擔心伊薩冷的天體溫泉讓你隱私全無，這裡只在凌晨1點到3點對大眾開放。

所以如果你決定效法著亨利・米勒，赤身露體去泡湯，就算只拿片無花果葉遮身，也不會有人發現。

大型紅杉木森林非常適合健行。

行程規畫

住宿 • 住在波斯特農莊酒店（Post Ranch Inn）緊鄰高聳海邊懸崖的時髦別墅（如果想眺望海景的話，請選擇這一類的房型，不要選樹屋），就能夠欣賞附近令人夢寐以求的美景。儘管私人浴池看到的風景夢幻無比，還是不要錯過在太平洋上方的大型公眾無邊際浴池，四周環繞精心造景的庭園。這裡還有幾條健行步道可以散步，以及幾間遠眺紅杉林的水療套房。
postranchinn.com

美食 • 忘憂餐廳（Nepenthe）是當地很受歡迎的餐館，位在能眺望海景的懸崖上，離海岸公路不遠。這裡不但漢堡好吃得名不虛傳，聖路西亞山的美景更是令人流連忘返，也許還能看到一兩隻鯨魚游過呢。

娛樂 • 往北40公里體驗加州沿海頗負盛名的17哩路（17-Mile Drive）。這條收費公路在1880年代開放，當時蒙特瑞（Monterey）德爾蒙特飯店（Hotel Del Monte）的富有賓客，就是在這裡搭乘馬車欣賞美景。現在只要美金10元的通行費，就能進入飽覽沿路風光，包括知名的古老孤柏、圓石海灘、德爾蒙特森林、太平洋叢林與鳥岩。

印度

喀拉拉邦

神祕的文化與自然的魅力

印度教經典中全能的大神毗濕奴（Mahavushnu）在第六次轉生時，把斧頭丟進波浪起伏的大海中，喀拉拉邦就此現身。即使不知道這個背後的故事，喀拉拉邦的別名——「神的國度」——就說明了一切。喀拉拉邦位在印度西南部，一側是阿拉伯海，另一側是西高止山脈，有近50條河流，遍布森林與種植場，不管是外觀還是感受上，都無疑是神聖的場域。事實上喀拉拉邦由於土壤肥沃，曾是橫跨歐、亞、非的古香料之路集散中心。時至今日，這裡還是可以找到不少印度最新鮮美味的食物。

黑胡椒、肉桂、丁香和辣椒是印度許多地方菜餚的主角。諷刺的是，最有可能令人上癮、像布丁般的甜粥（payasam，源自印度語「珍饌」一詞，非常合適），卻沒有加任何香料。這道國民招牌甜點幾乎每家餐廳都有自己的做法，你每天都會有新的最愛。

美食並不是喀拉拉邦的沃土孕育出的唯一產物，據說也是印度傳統醫學阿育吠陀的發源地。阿育吠陀是運用各種當地原料，如小荳蔻、椰子等的醫學系統，採用刺激感官的療法（例如按摩時不斷地在額頭間「第三隻眼」的位置滴上溫暖的精油），不管身體需不需要修護，都令人躍躍欲試。

充分消除疲勞後，就可以準備來趟回水之旅。搭乘改

左上圖：喀拉拉邦回水的菲利浦庫提農場（Philipkutty's Farm），打開的肉豆蔻植物。中上圖：穿著紗麗的母女。右上圖：在喀拉拉邦的露天市集中，你可以找到像這樣整串香蕉的新鮮水果。右頁：喀拉拉邦回水的船屋，是最舒適的巡遊選擇。

裝過的傳統米船——這種船曾經是當地農業經濟的重要交通工具——探索翠綠色的水道迷宮，兩旁點綴著棕櫚樹，偶爾經過恬靜的村落，如果想體驗極致的浪漫，可以在這個夢幻的環境過夜（見娛樂）。

回到陸地之後，可別錯過喀拉拉邦的茶園——坐落在西高止山脈著名的山城中，雲霧繚繞的大片翠綠穿插著瀑布，是視覺、也是味覺的饗宴，所以請務必一嚐當地滋味。海拔近2500公尺的科魯庫馬賴茶園（Kolukkumalai Tea Estate）位在木納爾（Munnar）外圍，儘管要費點體力才能抵達，但這裡不只全世界地理位置最高、也應該是最美的有機茶園。

喀拉拉邦的都市中心同樣眩目迷人，柯枝（Kochi，也叫科欽Cochin）尤其值得一提。位在香料之路上，柯枝的背景造就了這個充滿魅力的大熔爐，保留了令人讚嘆的著名猶太社區遺跡（水晶裝飾的帕拉德席猶太會堂〔Paradesi〕就是一例，是印度現存仍在使用的最古老猶太會堂）。你可以看到葡萄牙、荷蘭和英國殖民時留下的優雅建築物，而且說來奇怪，傳統的中式漁網在夕陽西下時別有一番浪漫風情。

來到市中心，別忘了去卡塔卡利中心（Kathakali Centre）看表演。不妨（也應該）早點去，看演員畫上精細妝容，換上戲服，變身成各個角色，用肢體語言與表情激動地演出古老的舞劇。自宗教神聖經典，神的國度就適合這種出自宗教經典的表演。若想好好品味神性瘋狂的一面，就在演出結束後和臉塗成綠色的演員合照吧。

立在柯枝（科欽）碼頭的中式漁網，為夕陽增添魔幻的氛圍。

左頁：木納爾到處都是茶園。上圖：庫瑪拉孔泰姬飯店（Vivanta by Taj-Kumarakom）的奢華魅力套房。

行程規畫

住宿・庫瑪拉孔泰姬飯店是一棟有150年歷史的傳教士小屋，坐落在文伯納德湖蒼翠的河畔。住在這裡最棒的就是欣賞每晚周遭點亮的千盞燈火，彷彿整個飯店都搖曳在光源中。這裡的阿育吠陀水療相當吸引人，如果住的是奢華誘惑別墅（Premium Temptation Villa），不但有陽臺私人泳池、按摩浴缸、露天花園淋浴間，還有喀拉拉邦的椰子殼鞦韆。
vivanta.tajhotels.com

美食・蒙羅蘭（Menorah）餐廳位在一棟富有藝術氛圍的柯枝宅邸中，首相、總督、大使、諾貝爾獎得主，以及皇室出身的好萊塢名流都曾經造訪。這裡曾是顯赫一時的猶太家族居所，提供南印度閃族的招牌料理，不管是大量香料調味的雞肉還是特別版的甜粥，都值得一試。
koderhouse.com

娛樂・預訂一艘船屋漫遊喀拉拉邦的回水。現今的船屋由當地著名的米船改裝而成，裡面有浴室、開放的起居空間、甲板露臺、附空調的臥室，以及廚房，還有私人廚師。想要盡覽風景，這就是最放縱愜意的方式。

中東

以色列與約旦南部

體驗神聖的浪漫

從高處眺望以色列高鹽度的死海。

想 確實感受聖經等級的浪漫，就要到色列與約旦南部。這裡的沙漠景緻非常壯觀，曾是電影中火星場景的拍攝地，不論宗教信仰，都能給你超然的體驗。鄰近有一個邊境關口，在以色列國境叫做伊札克拉賓終站（Yitzhak Rabin Terminal），在約旦國境則叫阿拉巴乾河（Wadi Araba），無縫連接兩國。這兩個國家接壤的地方，造訪的名人千年來不計其數。例如大衛王，就記錄來看，早在約3000年前就到過以色列的恩吉地自然保育區（Ein Gedi Nature Reserve）。但你卻不須要像他一樣躲在當地的洞穴裡，能夠欣賞令人驚嘆的綠洲：兩岸枝葉繁盛的河流、瀑布以及天然的水池，在這片荒蕪的大地上刻鑿出蒼翠無比的樣貌。

聖經《創世紀》中最早出現死海這個地方時，並沒有提到體驗漂浮的最佳做法，但後世的人發現，要想在海平面下400多公尺的高鹽度海水中，好好享受漂浮的感受，至少得兩天不刮鬍除毛，這樣就可以在海面上或坐或躺好幾

貝雷席特酒店（Beresheet Hotel）的大房間、無窮盡的視野與泳池，是沙漠中的一片綠洲。

個小時，而完全不覺得刺痛。分布在死海周遭的度假酒店為了提升療效，都備有死海泥，讓旅客可以厚厚地敷一層在身上。這個在原始環境中寵愛自己的活動，也因為死海的樣貌增添了不少樂趣。死海透明泛白的藍色海水，散發著不屬於凡塵的氛圍，日落與日出時分的景象，更是不可錯過。

另一個必看的日出景觀在希律王馬沙達堡（Masada）的頂部。要登頂需走完約400公尺的蜿蜒蛇徑，所以至少得在破曉前一小時抵達堡壘底部。一旦登頂，壯闊的大秀盡收眼底，你會看見染成粉紅色的死海，以及無垠的沙漠全景。日出後可以參觀的堡壘遺跡，同樣令人仿如置身世外，特別是夢幻光線照耀下的大型蓄水池。

想了解另一個有千年歷史的灌溉系統，就沿內蓋夫（Negev）葡萄酒之路一路品酒（推薦的釀酒廠：Yatir、Kadesh Barnea與Sde Boker），最後抵達邊境城市埃拉特（Eilat）與阿卡巴（Aqaba），這裡的紅海吸引無數的人來浮潛、潛水與游泳。盡情享受過後，就準備進入佩特拉（Petra），這城市絕對會是你人生中最壯觀的奇景之一。

佩特拉有千年的歷史，是古代經商的納巴泰人留下的傑作，有大量刻鑿在粉紅砂岩懸崖中的寺廟、墓地與修道院，四周環山，曾經是驛站城市，長久以來無人居住，光是錯綜複雜的通道與峽谷，就夠你花上一整天的時間探索。不過如果想要無敵浪漫的版本，就要在禮拜一、三、五的晚上造訪：卡茲尼神殿（又稱寶庫〔Treasury〕，佩特拉最著名的建築物）會沐浴在1500根蠟燭的燭光中，景象

佩特拉寶庫前閃耀的燭光。

讓人久久無法忘懷——絕對會為你們這趟「創世紀」愛情之旅升溫。

行程規畫

住宿 • 貝雷席特酒店遠眺拉蒙大峽谷——沙漠中如火山口的大面積凹地。住在這裡讓人有種獨自身處世界邊緣的感覺，只有零星的野山羊和瞪羚陪伴。雖然飯店泳池的美景已難以匹敵，但若是預訂有陽臺和私人泳池、又看得到火山口風景的房間，就能獲得更佳的視覺享受。
isrotel.com/beresheet

美食 • 約有2000年歷史的洞穴酒吧（Cave Bar），號稱是世界上最古老的酒吧。這個浪漫的僻靜處所是佩特拉遺跡的一部分，到處都是點著燈光、讓人回味不已的角落，早期是納巴泰人的岩墓，經過裝修後，現在提供飲料、當地特色菜餚及逛完古城後吃的療癒食物（像是蔬菜球和馬鈴薯塊等）。
guesthouse-petra.com

娛樂 • 你可以搭乘吉普車、騎馬或是駱駝，穿越約旦的瓦地倫（Wadi Rum）。電影《阿拉伯的勞倫斯》與《絕地救援》都是在這個奇幻出塵的地方取景。位在約旦南部沙漠的瓦地倫又叫月亮谷，大片的砂岩與花崗岩山脈，讓人無比敬畏與驚奇。參觀完後，可以到貝都因（Bedouin）營地喝杯茶，凝望星海。

勃艮第

瓶中之美

在 15世紀著名的牧師與神學家伊拉斯謨並不一定是慣於言詞誇張的人，卻曾寫道：「備受祝福的勃艮第啊……血液中充滿了這般乳汁的她，堪稱人類之母。」法國中部的這塊狹長地帶，的確是品嚐葡萄酒的天堂，其中最有名的當然就是有「勃艮第香榭麗舍」美稱的特級葡萄酒之路（Route des Grands Crus）。這60多公里神話般的路途，經過一連串的城鎮與村落，裡頭的路標簡直就是知名酒商的名人錄，如香波－蜜斯妮（Chambolle-Musigny）、馮內－侯瑪內（Vosne-Romanee）與夜－聖喬治（Nuits-Saint-Georges）等等。

勃艮第在秋收時節確實很忙碌，儘管當地酒莊都忙著摘葡萄，還是有許多品酒的機會。沿著葡萄酒之路前行，尋找提供品酒的地方，如果注意到有上面擺著酒瓶的木桶，就是代表有提供試飲。千萬別錯過幾個著名的品酒點：曾是勃艮第議會公爵財產的科爾登・安德雷酒莊（Chateau de Corton-Andre）與酒窖、前美國總統湯瑪斯・傑佛遜到訪過的酒莊Maison Joseph Drouhin，以及桑特內酒莊Chateau de Santenay——曾是法王約翰二世兒子勇者菲利浦公爵的住所。

不管沿途的品酒多麼愉悅，至少去一個豐收節，體驗當地全面的歡慶氣氛：美酒、佳餚、音樂，各種活動。雖然整個季節都有許多誘人的節慶選擇，但十一月的「光榮

左上圖：勃艮第到處都看得到品酒餐單。中上圖：騎腳踏車沿著烏克河畔聖維克托（Saint-Victor-sur-Ouche）村裡的河道前行，享受途中風光。右上圖：在收成季節，你可以觀賞採摘葡萄。右頁：第戎（Dijon）自由廣場（Place de la Liberation）附近的美食跟美酒一樣吸引人。

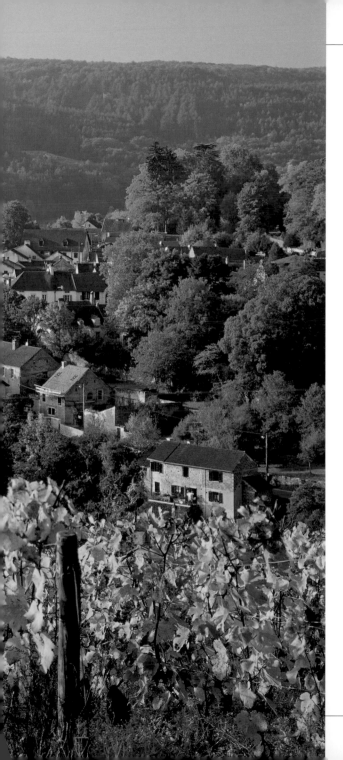

三日」（Les Trois Glorieuses）絕對值得推薦。安排時間到古城波恩（Beaune）觀看盛大的葡萄酒拍賣會，據說是世界上最古老的同類型拍賣會。這個節慶的活動還有酒商推薦餐食、地窖巡禮以及酒酣耳熱後的集體歡唱等。

　　即使錯過豐收節，還是可以造訪拍賣會舉行的地方——平民慈善醫院（Hospices de Beaune），由15世紀養老院改建而成的博物館，屋內數不盡的收藏，大概只有屋頂可以媲美。這一區以色彩豐富的瓦片聞名，到處都看得到，而博物館的瓦片花樣則稱得上是數一數二的，許多城堡酒莊上（例如科爾登·安德雷酒莊），也有同樣美麗的當地瓦片設計。回到博物館裡頭，請務必好好欣賞窮人居室（Room of the Poor）廣闊的15世紀天花板，每一根外露的樑柱，都刻有波恩最著名居民的造型肖像畫。

　　這個區域除了有美酒的傳承，美食也因為近代歷史成為不容小覷的勢力，並以精彩絕倫的城市第戎為中心。你可以先參觀幾個地方醞釀一下食慾，像是勃艮第公爵極為華麗的王宮、歌德式的第戎大教堂，以及尚莫爾美麗的夏特禾茲修道院（Chartreuse de Champmol），再正式品嚐美饌（見美食）。

　　想要消耗一下熱量的話，勃艮第也是個腳踏車大本營，在涼爽舒適的秋天更是值得一試。這裡有數百公里的路徑可供選擇，萬一沒喝夠伊拉斯謨口中的「母親的乳汁」，其中許多路線還會蜿蜒穿過夜丘（Cote de Nuits）和波恩丘（Cote de Beaune）的葡萄園。

秋色裝點了遠眺佩南－維哲雷斯（Pernad-Vergelesses）的葡萄園。

左頁：比西耶赫修道院酒店（Abbaye de la Bussiere）的戀人雕像。上圖：勃艮第公爵王宮與第戎的白由廣場。

行程規畫

住宿 ● 比西耶爾修道院酒店（Abbaye de la Bus-siere）在鄉間如實重現12世紀修道院的樣貌，感覺卻更像是王宮（還有迷你馬）。這裡有垂柳、修剪過的花木，以及造景裝飾的湖泊。客房更是令人讚嘆，有圓拱形的天花板、水晶吊燈、印花紋飾以及成套的按摩浴缸。abbayedelabu ssiere.fr

美食 ● 女像柱之家（La Maison des Cariatides）的名字來自建築物正面的女性雕像，原本是17世紀第戎酒商的宅邸，現在是米其林星級餐廳，坐落在第戎古城的中心。餐廳的石牆面裝點著柔和的燈光，還有一個小型的開放式廚房，這裡的美味菜單天天更換，但總是融合新鮮的當地食材與有趣的進口食材（想像一下第戎菜配上日式高湯）。lamaisondescariatides.fr

娛樂 ● 安排三到七天搭乘駁船，悠遊勃艮第的鄉間運河。你可能會想要包租自己的船，這樣就可以自由停留，隨心所欲地散步、騎腳踏車或啜飲，甚至不用下船，就能看見豐特奈的熙篤會修道院（Cistercian Abbey of Fontenay），以及一連串的城堡，如布西堡（Bussy）、唐萊堡（Tan-lay）、昂西勒弗朗堡（Ancy le Franc）等。hotelsafloat.com

捷克

布拉格

音樂、文化與愛的黃金城市

橫跨夫爾塔瓦河（Vltava River）
的橋樑夜景。

彷佛「百塔黃金城」的名字還不夠浪漫，這裡著名的秋光——低角度日照的把戲——把整座城市鍍上第二層金色，讓人完全臣服於布拉格的美，更別提這個時節的其他賞心悅事了。布拉格原本聽音樂會的人均比例就很高，隨著當季文化活動開跑，聽眾人數更是從「很多」攀升到「阿瑪特士我的天！根本算不清」的程度（莫札特因為18世紀和這個城市的情緣，特別受當地人喜愛）。著名的城邦劇院（Estates Theatre）應該是欣賞音樂會的最佳起點，1787年10月莫札特就曾在這裡親自指揮歌劇《唐‧喬凡尼》的首次公演。情聖唐璜的故事，到現在還是艾斯特劇院年度節目表的固定劇碼，莫札特受人歡迎的浪漫喜劇《費加洛的婚禮》，也是其中一齣必演的經典。不過，如果想要體驗更純粹的浪漫，可以看看有沒有莫札特交響曲《布拉格》的演出（正式名稱是《第38號》交響曲）。當地的售票亭與公告欄每天都有一疊又一疊不斷更新的音樂會傳單，找到的機會很高。

市區的秋天音樂季，以作曲家德弗札克（Dvorak）的表演掀開序幕，而原本就不少的音樂會傳單更是排山倒海。這位19世紀布拉格出身的成功音樂家，至今仍是大家敬重的浪漫時期偉人，整個9月的表演節目都在頌揚他，內容不僅有他自己的作品，還有和他同期的音樂家與學生的創作。從9月到11月的「秋之弦樂」音樂節融合了不同類

布拉格四季酒店的房間讓人很想相互依偎。

型，不論是爵士歌手巴比・麥菲林（Bobby McFerrin），還是女演員尤特蘭珀（Ute Lemper），都應有盡有。

10月初到11月初有捷克歷史最悠久的音樂節之一——布拉格國際爵士音樂節，路易斯・阿姆斯壯（Louis Armstrong）和艾靈頓公爵交響樂團（Duke Ellington Orchestra）就曾是早期的主秀。

布拉格秋天的視覺藝術也同樣耀眼，而其中之一更是真的閃閃發光。10月的燈光藝術節（Signal Festival）期間，每晚都有豔麗的燈飾照明幾個當地著名地標，讓人看到它們嶄新的面貌，只需要繞著河畔的舊城區漫步，就能欣賞燈光秀。10月還有四日節（Four Days Festival），結合了影像藝術、當代舞蹈與其他視覺戲劇等作品，令人大開眼界。

當然，布拉格最美的展演並不需要刻意籌畫。10月是當地「賞葉」的黃金時期，布拉格的最高點貝特辛山（Petrin Hill），海拔300多公尺，是最佳的觀賞點（不完全偶然地，也是當地的親熱勝地），位在伏爾塔瓦河左岸上方，幾乎到處都是公園，山頂是布拉格人的最愛。不管是健行登山還是搭乘電纜車上山，下方整片黃銅、緋紅與艷黃的景色，一定讓你歎為觀止。

或者只需前往浪漫地標——15世紀落成的查理大橋（Charles Bridge），散步跨越伏爾塔瓦河，不只有情調，兩旁還有聖人的雕像。其中一位叫臬玻穆的若望（St. John of Nepomuk），據說能讓人願望成真，上百萬祈求者的雙

黃金井露臺餐廳（U Zlaté Studn）的美饌等待你品嘗。

手把他雕像的一處摸得發亮，成為金黃的秋光下的標識，你絕對一眼就能找到。

行程規畫

住宿 • 四季酒店位在舊城區的中心，由巴洛克、新古典主義與新文藝復興三種不同風格的歷史建築構成。儘管建築物本身精緻、住處又豪華，但最值得一提的還是風景。訂間豪華河景房或是其中一間面河的套房，好好欣賞伏爾塔瓦河、小城區（Mala Strana）、查理大橋或布拉格城堡。你也可以預訂總統或尊貴套房，盡覽上述所有風光。
fourseasons.com

美食 • 金井露臺餐廳是一間西元1528年的半山腰宅邸，靠近布拉格城堡。從這裡往下看布拉格萬家屋脊錯落的景緻，美得讓人下巴都合不攏，吃飯都可能成問題。不能吃會讓你更遺憾的還有這些：安格斯牛排佐鵝肝醬、松露馬鈴薯泥，以及蘇玳區的菲利浦・羅斯柴爾德男爵（Baron Philippe de Rothschild Sauternes）醬汁，這些可都是金井露臺出了名讓人掉下巴的招牌菜。
goldenwell.cz/dining-en.html

娛樂 • 夕陽西下後，體驗另一種秋光吧：在夜晚搭船，穿梭在有探照燈打亮、如幻想曲般的布拉格。穿過查理大橋下方時，盡覽閃閃發光的布拉格城堡，並在駛經巴洛克風的小城區與舊城區的教堂時，彼此祝酒乾杯。

義大利

托斯卡尼

葡萄園、橄欖樹林、中古世紀村莊與世界級的藝術

托斯卡尼的山丘在日落時分的餘暉。

重讀浪漫經典時，會發現大部分的作品都只有一位男主角和女主角，但作家E·M·福斯特的《窗外有藍天》裡，卻有同等重要的第三角色——佛羅倫斯。露西·霍尼徹奇（Lucy Honeychurch）——福斯特最為人所知的浪漫女主角——甚至曾把佛羅輪斯比擬為女人：「除了外表，她還有什麼眼看不見的美嗎？也許是燃起熱情的力量……並迅速地付諸行動？」答案當然是肯定的。這股力量貫穿著名的百合之城（City of Lilies），直達托斯卡尼的鄉間——特別在秋天的收成高峰期。請務必在每一區安排幾天舒適的假期，充分體驗當地的樂趣。

皮耶特拉桑塔（Pietrasanta）的街頭到處都是戶外咖啡館。

在佛羅倫斯，清爽宜人的秋天最適合靜處的地方之一是碧提宮（Pitti Palace）後方蔓延的波波里花園（Boboli Gardens）。碧提宮曾是梅迪奇（Medici）家族的故居，花園的歷史可以追溯到16世紀，到處都是羅馬雕像、風格主義的雕塑、別緻的噴泉，以及岩洞，讓人忍不住在裡面互相偷吻。羅馬門（Porta Romana）和山頂之間連串的綠蔭隧道，是特別隱蔽的一段坡道，以露西的話說，適合令人馬上將熱情付諸行動。

奧特拉洛諾（Oltrarno）區位在阿諾河（Arno River）人潮較少的那一岸，到這裡一定要造訪明信片攝影師最喜歡的賞景點——壯麗的米開朗基羅廣場（Piazzale Michelangelo）。廣場的地勢較高，以仿製的青銅大衛像為標誌，往下瞭望會看到米開朗基羅最後長眠的聖十字聖殿（Santa Croce）、著名的烏菲茲美術館（Uffizi）、精心雕飾的主教座堂（Duomo）、古老的拱廊式老橋（Ponte Vecchio），以及遠方漸漸模糊的紫色群山。

行程規畫

住宿 • 卡索樂城堡酒店（Castello di Casole）隸屬提博斯飯店集團（Timbers Resort），是一間占地17萬公畝的山頂宅邸，有橄欖樹林、葡萄園、柏樹搭建的迴廊以及許多的浪漫傳說。這座城堡許久以前是西埃納（Siennese）政治流亡者與貴族的避難所，最後由義大利電影傳奇導演魯西諾·維斯康蒂（Luchino Visconti）買下，他曾在這裡招待伊莉莎白·泰勒與其他好萊塢名流。如果想來點比較平淡的浪漫，你可以在9月葡萄與橄欖收成時造訪，親手幫忙採摘作物。不過要記住這裡的冬季來得早，卡索樂城堡就跟大部分托斯卡尼的鄉間酒店一樣，11月就會暫停營業。
castellodicasole.com

包圍圓形競技場廣場（Piazza
dell'Anfiteatro）的古老拱道。

卡索樂城堡酒店坐擁托斯卡尼
連綿山丘的美景。

令人驚嘆的聖米尼亞托大殿（San Miniato al Monte）也是絕對不能錯過的景點，歷史可以追溯至11世紀，一般公認是義大利最傑出的羅馬式建築之一。記得順道一訪墓園，卡洛·羅倫西尼（Carlo Lorenzinii）──也就是《木偶奇遇記》的作者卡洛·科洛迪（Carlo Collodi）──的墓就在這裡。

宏偉殿堂的巡禮（學院美術館、烏菲茲美術館、聖十字聖殿與老橋）結束後，回到阿諾河的對岸，再登上主教座堂（高聳的紅色圓頂是由菲利波·布魯諾萊斯基〔Filipo Brunelleschi〕設計）的頂端，欣賞令人屏息的城市風景。接著，沿河岸漫步，挑個好地方觀看日落──最理想的地方是在任一古老橋梁的牆上（這時《窗外有藍天》又再次浮現腦海：「夜晚到來……樹木和山丘的顏色變得純淨，阿諾河褪去混濁的的汙泥，開始閃耀著光芒。」）

這樣的美景，和離別它的情緒一樣引人落淚，不過收拾行囊前往鄉間也將會別有收穫，光是泡一泡托斯卡尼豐沛的溫泉，就讓人有無比的幸福感。薩圖爾尼亞溫泉高爾夫度假酒店（Terme di Saturnia）是著名的泡湯點之一，以羅馬豐收之神來命名，在附近山丘上的葡萄園就看得到這位神祇的傑作。到老磨坊旁的瀑布溫泉（慕里諾瀑布〔Cascate del Mulino〕），享受和環境一樣迷人的溫泉水。佛索比安科（Fosso Bianco）野溪溫泉位在巴尼聖菲利普（Bagni San Filippo），泉水呈乳白色，同樣是優美又好玩的泡湯景點。

行程規畫

美食•佛羅倫斯的帕拉吉歐（Il Palagio）是讓人忍不住放縱的美食餐廳。在圓拱形的天花板與戈拉宮殿（Palazzo della Gherardesca）舊時代的水晶吊燈下，你可以盡情享用米其林星級的招牌菜餚，如鋪上橄欖酥的鱸魚片佐奶油朝鮮薊等，還能啜飲當地最美味的葡萄酒，欣賞花園的美景。
ilpalagioristorante.it

從米開朗基羅廣場望過去，佛羅倫斯的老橋上滿布攤商。

托斯卡尼的浪漫體驗餐單種類繁多，讓人想一一品味。舉例來說，你可以去普契尼的故鄉——古城鎮盧加（Lucca）——看普契尼歌劇的現場演出。在年度普契尼音樂節期間的10月，每晚都有他的作品演出（之後是每週幾晚），大部分的表演都在普契尼受洗的聖喬凡尼大教堂（San Giorvanni Basilica）舉行。

你還可以探索讓托斯卡尼聞名的葡萄園，在收成時節騎馬巡禮各個酒莊。葡萄酒騎馬遊在這一區很受歡迎，行程一般不只有逛葡萄園和品酒，還會到訪橄欖樹林、山頂村落、中古世紀城堡，以及鄉間教堂。如果秋天去得夠早，騎馬時更會看到忙著採摘葡萄的人，甚至可以當個幫手（見住宿）。

托斯卡尼的美酒和浪漫搭配得天衣無縫，在義大利葡萄酒促進中心（Enoteca Italiana）更是無可匹敵。義大利葡萄酒促進中心位在輝煌與美景都媲美佛羅倫斯的古城西埃

行程規畫

娛樂・來自製飲品，作為旅程的紀念品吧！拉達（Radda）的「一日釀酒人」行程讓你品嘗好幾種用特定品種葡萄釀造的酒，而且是直接從熟成桶中取出。接著在配備高科技器材的老房間裡，調配不同比例的混合酒，直到試出你們倆都愛的風味為止，再裝瓶、貼上客制化標籤，存放大約一個月後再運送給你。
discoveryou ritaly.com

納（Siena），是梅迪奇家族以前的堡壘，地下室和酒窖已經變身成葡萄酒天堂，有酒吧、商店、餐廳，偶爾還舉辦課程；收藏的1500多瓶酒幾乎囊括了義大利每一個葡萄品種，一定能滿足你的酒癮。

　　古城西埃納的城牆正好自成一套優雅的阻遏系統，不用擔心酒後散步晃得太遠。記得造訪黑白條紋相間的百花大教堂，那迷人的圓頂上有一盞貝尼尼（Bernini）設計的著名金燈。至少逛逛幾個當地的廣場，像是13世紀的托勒密廣場（Tolomei）與14世紀的市政廳（Comunale）都是不錯的起點。城中央的田野廣場（Piazza del Campo）更是絕

對不能錯過，是聯合國教科文組織指定的世界遺產，也是許多新郎新娘特別喜愛的留影地點。如果還沒結婚或訂婚，托斯卡尼的美酒、婚紗攝影師與浪漫的魅力，說不定也會當場促成好事。

騎機車穿梭佛羅倫斯的大街小巷，尋找隱藏在城市牆上的藝術作品。

不丹

自然之美的喜馬拉雅國度

不丹雖然因為國民幸福總值指標而登上國際頭條，但是國家美景總值也同樣驚人。面積只有美國印第安納州約一半大小，這個佛教王國深藏在喜馬拉雅山脈的心臟位置，令人屏息的壯麗景色不絕於眼前。不但可以看到預想中白雪覆蓋的宏偉山峰，還有蒼翠繁茂的熱帶與亞熱帶風景、引人入勝的多霧河谷與茂密的松林，至於堡壘和寺院這類豐富的人為寶藏，反倒相形見絀。後者中，最著名的是虎穴寺（Tiger's Nest Monastery），應該要列入參觀的首選名單，除了本身就展現出不丹的無窮魅力，更是境內最神聖的場所，坐落在海拔3000多公尺、連綿的懸崖絕壁上。雖然必須登上約1000階的階梯才能抵達（你也可以雇驢子代步），但沿途不管是森林覆蓋的斜坡、經幡，還是低垂的松樹與寺廟本身，都會令人深感不虛此行。

如果來不丹只去一個宗教景點，那就到竹巴昆列（Drukpa Kunley）的奇美拉康寺（Chimi Lhakhang）吧！

當然，不想要小孩的人就另當別論。據說在15、16世紀時，這位不丹聖人（又稱瘋狂聖賢）用陽具解決了國家最

左上圖：烏瑪帕羅酒店（Uma Paro Resort）布卡里餐廳的華麗裝潢。中上圖：不丹的黃金轉經輪。右上圖：普納卡宗（Punakha Dzong）慶典上，戴著傳統面具、身穿傳統服飾的舞者。右頁：站在色彩斑斕進香旗旁的小僧侶。

迫切的問題——包括妖魔，還有不育。如果夫婦一起造訪奇美拉康寺，僧侶會用狀似陽具的木頭輕敲兩人的頭，助長生育能力，這個體驗就跟虔誠的信眾與點著燈火的寺廟美景一樣，絕對令人難忘。來這裡一趟，你就能了解不丹的牆面和屋頂上為什麼到處都是陽具的彩繪（不，你沒看錯）。

　　不丹如同堡壘的「宗堡」（dzong）同樣讓人印象深刻，具有軍事、行政與宗教等綜合功能，分布在境內各處，高聳內傾的白牆、間雜搶眼的紅色、大型的入口通道以及內部的庭院等，都讓喜馬拉雅山的景色更具分量與風貌。最美的宗堡大概是17世紀的普納卡宗，歷代不丹國王都是在此加冕，位在公河（Pho Chhu）與母河（Mo Chhu）的匯流處，並未影響建築設計的美感，宗堡內的三座庭院、金頂中央塔樓以及精雕細琢的佛堂，也巧妙融合其中。

　　體驗完不丹傳統建築物之美後，記得探索四周的風景——此區最吸引人的地方之一。想要徹底欣賞沿途風光，就試試健行之旅吧！行程有各種不同的長度：短程（兩天徒步之旅，從到首都辛布〔Thimpu〕到普納卡〔Punakha〕，穿過村落、森林與稻田）、中程（六天千湖徒步之旅，盡覽聖母峰在內的喜馬拉雅山風光）以及長程（14天拉亞加薩〔Laya-Gasa〕徒步之旅，途經高山草原、山群關口與亞熱帶叢林）。跋涉完想要舒緩肌肉痠痛，就去泡泡雙人熱石浴吧！清新河水混合了黃花蒿葉，用火烤過的石頭加熱，浸泡在裡面保證讓你的個人幸福總值破表。

科莫（COMO）集團旗下的烏瑪帕羅酒店可以在庭院安排私人用餐，餐食由布卡里餐廳提供。

左頁：一位僧侶步行穿過普納卡宗寺。上圖：佛教經幡飄揚在虎穴寺外。

行程規畫

住宿 • 入選國家地理全球精選酒店的喜窩林（Zhiwa Ling），位在帕羅外圍的山丘上。這些手工裝飾、精雕細琢的別墅，隱祕在垂柳和果樹之間。不管是和僧侶一起在冥想堂靜坐，還是去茶堂度過下午時光、用水療寵愛自己或是在瘋狂僧侶酒吧（Mad Monk Bar）喝杯雞尾酒，那種靜謐都無與倫比。喜窩林的風景也讓人讚不絕口，從這裡就能看到虎穴寺。
zhiwaling.com

美食 • 位在帕羅市中心的布卡里，是一間有大片玻璃的木造圓形餐廳，來這兒用餐很有機會遇到不丹貴族。在地的布卡里深受皇室家族鍾愛，不只是因為360度的森林景致，這裡的菜餚幾乎都是用廚房自己栽種的有機食材做成，他們與地區農民合作，所以味道特別鮮美。如果是在午餐時刻造訪，可以試試氂牛漢堡。
comohotels.com/umaparo/dining/bukhari

娛樂 • 去參加慶典吧！不丹有許多慶典是按照農曆在秋季舉行，所以計畫時必須查清楚確切的日期，不過10月和11月應該有不少選擇。你可以參加佩馬加萊爾策秋節（Pema Gatshel Tshechu），光是盛大的遊行就已不虛此行。風馬旅遊（Windhorse Tours）可以按照需求安排行程。
windhorsetours.com

巴爾幹半島

西斯洛維尼亞

洞穴、城堡與迷人湖泊

布來德湖（Lake Bled）小島上的聖母升天
教堂（Church of Assumption）。

盧比亞納（Ljubljana）簡直就是以愛情為中心的城市：主廣場紀念的是19世紀吟遊詩人弗蘭策·普雷雪倫（France Prešeren），動人的情詩讓他成為了國民英雄。普雷雪倫的繆斯在皇宮中長大，這位女子的陶像至今還從宮中的窗戶往看著廣場。即使從未聽過普雷雪倫或他的愛情故事，你還是會感激這位備受敬重的詩人把他的舞臺設在這裡。儘管盧比亞納是國際性的城市，但卻有一股不同凡俗的氛圍——特別是夜晚走在佈滿咖啡廳的河岸，金色、藍色和靛青色的泛光燈漸層照著15世紀的盧比亞納城堡的時候。不過，可別只是從遠方看著這座城堡：在白天步行或搭纜車登上堡壘，還能看到壯觀的城市風景，配上露天咖啡座的葡萄酒（或咖啡和蛋糕），更是一絕。想要更深入了解城堡的歷史，可以參加任何一個城堡的每日「經典」導覽，或是選擇不定期的「時光機」導覽，聆聽穿著古裝的角色，講述6個盧比亞納城堡的關鍵時期歷史。

布來德湖旁的步道讓人可以悠閒地手牽手漫步，享受絕色美景。

不過，斯洛維尼亞最夢幻的景點——包括盧比亞納——都在西邊的一個環狀路線上。第一站是美不勝收的城鎮布來德（Bled），市中心有波光粼粼的湖泊，旁邊接壤著位在懸崖頂上的中古世紀城堡，湖心點綴著小島上的教堂，背景則是朱利安阿爾卑斯山脈高聳的群峰。

1950到1970年代，斯洛伐尼亞隸屬約瑟普．布羅茲．狄托（Josip Broz Tito）統治下的南斯拉夫，當時布來德是這位獨裁者最愛的度假地點之一。布來德不止有狄托時期的遺跡，也留下了幾百年前的蛛絲馬跡。舉例來說，湖上遍佈的手搖船（Pletna）就可以追溯到16世紀（船上的遮陽篷和划槳手，為這趟必遊的浪漫航程增添特別的懷舊感）。停靠在小島碼頭後，務必繞教堂走一圈，你絕對分毫不想錯過這裡的美景。接著可以到布來德堡——建在湖上絕壁的中古世紀堡壘，現已成為博物館，有兩個庭院、蜿蜒的階梯、吊橋和護城河，這個已更改用途的皇室宅邸散發出童話般的氛圍。在日落時分造訪，能欣賞到特別迷人的景緻。

斯洛維尼亞環狀線裡的下兩站，是兩個極為不同，但都令人印象深刻的洞穴。波斯托伊納（Postojna）洞穴裡的奇幻穴室一個接一個，都是閃閃發光的岩層（還有奇怪得可愛的盲蠑螈在此棲息）。相較之下，普列加馬（Predjama）是建在洞穴懸崖上的城堡；根據金氏世界紀錄，這裡也是全世界最大的洞窟城堡。

波斯托伊納洞穴（Postojna Caves）裡的岩層。

即使無法三個景點都造訪，在西斯洛維尼亞任何地方隨意漫遊，都會驚歎不已：200年前感動弗蘭策．普雷雪倫的超現實美景，至今仍然能一覽無遺。

行程規畫

住宿 • 維拉布來德酒店（Vila Bled）是狄托以前的度假寓所。「元帥」向來以過得傳奇奢華著稱，這些湖畔別墅想當然少不了壯觀的風景，以前曾是狄托私人寢室的總統套房視野最佳，不過許多面湖的客房除了閃閃發光的湖景外，能讓你遠眺朱利安阿爾卑斯山脈。
brdo.si/en/vila-bled/vila-bled

美食 • 儘管位在歷史可回溯到11世紀的要塞堡壘中，布來德堡餐廳不但提供21世紀的斯洛維尼亞主食（像是香腸和蘆筍等），還有令人驚嘆的湖泊和島嶼景緻佐餐。
jezersek.si/en/bled-castle-restaurant

娛樂 • 往更西邊走吧！「繞道旅遊」的「喀斯特地形與海岸神祕之旅」（Roundabout Karst and Coast Mystery Tour）會帶你經由什科茨揚洞群（Skocjan Caves）一路到亞得里亞海。什科茨揚洞群是聯合國教科文組織認定的世界遺產一，不但是全世界已知最大的地底峽谷之一，還有迷人的地下河流流經。在停留品嘗喀斯特區當地的名產風乾煙燻火腿和特朗酒（Teran）之後，你會繼續行經科佩爾（Koper）、伊左拉（Izola）和波多若斯（Portoroz）等沿海城鎮，最後抵達皮蘭（Piran）。在這個受人喜愛的中古世紀城鎮，你可以在狹窄彎曲的街道間漫步穿梭，之後在亞得里亞海邊的餐廳大啖海鮮美食。
travel-sloven ia.com

南美

祕魯

宏偉莊嚴的山景

從前有一位漂亮的印加公主，雖然已經許配給太陽神，卻愛上了勇敢的戰士。公主的父親發現這段戀情，並放逐了年輕戰士後，公主逃走，流下充滿愛意的蘭花淚，覆蓋了整片安第斯山脈。的確，浪漫滲透這塊土地，當地無數的相關故事就說明了一切。只要一陷入祕魯的咒語，那雲霧繚繞的山群和縈繞心頭的遺跡，幾乎會讓人願意相信一切的傳說。進入祕魯安第斯山脈最著名段落的門戶，就在這個國家東南部海拔約3400公尺的地方。

庫斯科不只是一個樞紐城市，也曾是印加帝國的中心，至今同樣引人注目，融匯了原住民的石造建築和西班牙殖民時期的建築風格。前身是百年女修道院的帕拉西奧納札林酒店（Palacio Nazarenas），不僅是這樣的混合式建築，更是盡情放縱的好去處。在酒店的水療室享受雙人按摩，房間地面上有玻璃窗孔，讓你趴在臺上時，可以看到古老的印加水道。

愉悅地恢復精神後，到隔壁同樣由古老宗教靜修處改裝的修道院酒店（Monasterio），欣賞花園和噴泉、品嘗皮斯科酸酒（pisco sours）——還可以來點古柯茶（有助身體適應高海拔）。別忘了在殖民時期風格的陽臺，邊喝飲料邊遠眺庫斯科風景絕美的主廣場。沒錯，你看到的可能是滿滿的觀光客，但從上方俯瞰廣場卻是無比浪漫，感覺就像坐在古老劇院的包廂席似的。

左上圖：庫斯科的市場中，到處可見色彩鮮艷的傳統花樣布料。中上圖：有著鮮艷羽毛的熱帶鳥類，棲息在茵卡特拉馬丘比丘普韋布洛酒店（Inkaterra Machu Picchu Pueblo Hotel）。右上圖：在皮薩克（Pisac）市場販售的玉蜀黍。右頁：穿著傳統服飾的女子在欽切羅（Chinchero）販售紡織品。

　　一旦適應了高海拔，沿著蜿蜒的路途前進，到附近漆成白色的聖布拉斯區（San Blas）看看，這裡不但是選購波希米亞精品的好地點，也是遠眺風景的最佳觀景點。

　　準備好迎接這趟旅程的重頭戲——馬丘比丘，就搭海勒姆・賓漢（Hiram Bingham）火車出發吧！這種豪華舊式歐洲火車穿越安第斯山脈中央，提供各式美食飲品，但不斷更迭的山川風景才是最棒的乘車服務。

　　另一個方案是花幾天的時間跋涉穿過雨林和印加古道遺跡。雖然要提早至少幾個月預約，以確保申請到許可和導遊，但絕對值得。除了一路上的美景，這種方式還有額外的好處：在日出前進入馬丘比丘，體驗破曉時分霧氣彌漫的遺跡所展現的震撼之美，而且這等景緻幾乎只有你們獨享。

　　如果不喜歡健行，可以在鄰近的阿瓜卡連特鎮（Aguas Calientes，詳見住宿）過夜，乘搭最早發車的巴士，比人潮先一步馬丘比丘，在石造建築物和平臺間找好自己的祕密觀景點。要早點抵達還有一個很重要的原因：遺址上的最高峰——瓦伊納比克丘（Huayna Picchu）有每日攀登人數限制。雖然登頂並不輕鬆，其中一段還會讓人想起電影《公主新娘》（Princess Bride）中的「瘋狂懸崖」（Cliffs of Insanity），但河谷與周圍群山的壯闊景色保證讓人不虛此行，如果看得仔細點，還能找到代表印加公主愛意的紅色蘭花。

早點抵達馬丘比丘，獨享風景和遺跡。

左頁：搭乘火車欣賞絕色美景，還能早點抵達馬丘比丘。上圖：茵卡特拉馬比丘普韋布洛酒店。

行程規畫

住宿 • 茵卡特拉馬比丘普韋布洛酒店是國家地理全球精選酒店之一，住在這兒會感覺像身處祕密花園或雲霧森林。這間酒店有數百種蘭花、鳥類和蝴蝶、數公里長的步道、幾棟舒適的小屋，以及一間人氣很高的河畔餐廳；當然也有其他的浪漫行程，像是黃昏時分瀑布散步之旅，或是在水療區的尤加利木屋享受雙人燭光三溫暖等等。
inkaterra.com

美食 • 外面有整層玻璃罩著的地圖咖啡館（Map Café），位在庫斯科一棟變成前哥倫布時期藝術博物館的美麗古宅邸露臺上，其中最著名的新安第斯菜系招牌菜之一，就是藜麥義大利麵捲佐番茄、芝麻菜與山羊乳酪。
cuscorestaurants.comlamaisonarabe.com

娛樂 • 從庫斯科外圍開始探索印加聖谷吧！光是開車的沿途風光就已經值回入場的票價，但有幾個景點值得停下來一訪：馬拉斯（Maras，閃閃發光的夢幻鹽田，一路沿山腰串連延伸）、莫瑞（Moray，神祕的印加麥田圈）、欽切羅（Chinchero，蓋在印加遺跡上的教堂，聳立在田園風光之間）與奧揚泰坦博（Ollantaytambo，令人印象深刻又可攀登的印加遺跡）。哈比泰斯祕魯旅遊（Habitats Peru）可以為你量身打造聖谷之旅或是其他的浪漫行程。
habitatsperu.com

紐約市

在大蘋果頌揚愛情

歷來最多翻唱版本的爵士標準曲之一＜紐約的秋天＞，一開始就提出了關於這個城市的問題：「為什麼紐約這麼迷人？」作曲家瓦農・杜克（Vernon Duke）用各種可能的答案回應，比方說「亮麗的人群與奪目的雲朵」以及「新戀情的希望」等。雖然這些原因相當動人（請選擇艾拉・費茲傑拉〔Ella Fitzgerald〕的版本，享受完整的曲子），卻遺漏了秋天一個非常浪漫的細節：整個城市遍佈火紅、艷橘和鮮黃的秋葉。想要細細品味這樣迷人的景色有許多方式，不過最浪漫的莫過於到落葉覆蓋的中央公園湖，在鏡面般的水上划船。

欣賞完湖光水色，可以在湖畔的船屋酒吧（Boathouse，整個10月都有營業，天候不佳時除外）點杯飲料，等待落日的黃金時刻到來。其他浪漫得不可理喻的行程還有：橫跨布魯克林大橋到布魯克林高地河濱步道（Brooklyn Heights Promenade），那裡的秋葉景緻只有曼哈頓可以媲美。又或者沿空中步道（High Line）漫步，體驗另一種感受：長約2.4公里的步道建在舊鐵道上的高架公園。之後，你可以去紐約最著名的市中心美食街——雀兒喜市集（Chelsea Market），品嚐特別可口的佳餚美饌。如果是在初秋到中旬之間造訪，記得去大都會美術館的屋頂花園酒吧（Roof Garden Bar）欣賞中央公園的全景，也許就會找到杜克提問的最佳解答。

左上圖：在布魯克林大橋散步，欣賞東河兩岸的都市景色。中上圖：格拉梅西公園酒店（Gramercy Park Hotel）的加大床雙人房。右上圖：在中央公園租划槳船遊湖，接著到船屋酒吧享用雞尾酒和開胃菜。

染色的秋天為水泥叢林帶來一絲活力又優雅的氣息。

行程規畫

住宿 ● 住在格拉梅西公園酒店，就能進入讓人夢寐以求的相鄰私人公園。自19世紀起，這座公園就是藝術家、作者和音樂家的愉悅小天地。這間酒店是城市中的舒適僻靜之地，美國總統甘迺迪、金髮美女搖滾樂團（Blondie）與U2主唱波諾都曾經住過，裡頭有熊熊燃燒著火焰的壁爐、橡木地板與織錦布紋椅，還能享受令人讚嘆的公園美景。

美食 ● 「一盞燈陸路，兩盞燈海路」（One If by Land, Two If by Sea）是位在抗戰英雄安倫波（Aaron Burr）1767年宅邸馬車房裡的餐廳。這裡的磚造壁爐、燭光餐桌、私人花園以及平臺鋼琴，打造出紐約市前幾名的訂婚率。務必試試知名的威靈頓牛肉，不過記得留點肚子吃（也許有戒指藏在裡面的）甜點。
oneifbyland.com

娛樂 ● 情侶就得去帝國大廈的頂樓朝聖，親眼看看那些經典浪漫電影橋段的場景（《愛你、戀你、想你》〔Love Affair〕、《金玉盟》〔Affair to Remember〕與《西雅圖夜未眠》〔Sleepless in Seatle〕）。一般人都覺得這裡肯定擠得水泄不通，但其實可以避開人潮。觀景臺開到半夜2點，只要在午夜後上去（最後一班到頂樓的電梯是凌晨1點15分出發），就很有可能獨享頂樓與令人驚歎不已的夜景。
esbnyc.com

漢米頓島

臨近世界最著名珊瑚礁群的絕色聖殿

在漢米頓島欣賞落日時分的昆士蘭全景。

漢米頓島是通往大堡礁的門戶，為浪漫的人鋪設了一塊特殊的迎賓地墊：天然的心形珊瑚礁。這塊礁岩有個很貼切的名字叫做「心形礁」，大約離岸20分鐘的距離，即使你已經在空中（見娛樂）繞著它轉了好幾次，看到時還是很容易誤以為是海市蜃樓。你很快就會發現，美妙的心形礁並不是這裡唯一的浪漫代表。漢米頓島到處都是自然美景，甚至整個島上只有幾臺接駁車，幾乎沒有其他車輛。租一臺類似高爾夫球球車的電動車到處走走，是很有趣的旅行方式，不過這兒的風景會讓你想多走點路。山丘鋪滿了蒼翠的綠意，通往隱蔽海灣和古老樹林的步道像蕾絲綴飾其上。就拿島上的最高峰通道峰（Passage Peak）來說，到這裡可以欣賞到珊瑚海（Coral Sea）與聖靈降臨島（Whitsunday Islands）無與倫比的絕景。

值得注意的是，島上有些最棒的健行路線不是往上走，而是往下的。舉例來說，逃逸海灘步道（Escape Beach Trail）會帶你穿過有許多野生動物的紅樹林，最後抵達與步道同名的逃逸海灘。這裡的水質澄淨，也是島上幾個隱

夸利亞酒店（Qualia）迎風閣（Windward Pavilion）的大片寬幅落地窗，讓從每一個角度看出去都是絕景。

蔽的海灣之一。你也可以選擇挑戰度稍微高一點的步道，前往珊瑚海灣（Coral Cove）——能夠盡覽南方景色、一路遠眺林德曼島（Linderman Island）的寧靜海灘。

在比較熱鬧的海灘，你可以找到各種雙人水上交通工具。的確，沿著不到5平方公里的島嶼划獨木舟或搭乘雙體船兜風，大概是最棒的在地體驗之一。

當然，海底的風景也同樣美不勝收。附近的珊瑚礁世界（Reefworld）是一個架在大堡礁哈迪礁岩段（Hardy Reef）上方的浮臺，非常值得一探。珊瑚礁裡棲息著無數的繽紛住戶，像是小丑魚、獨角魚、神仙魚和蝴蝶魚等等，其中長相最奇特可愛的就是蘇眉魚（Maori wrasse），頭上霓虹紋路的凸塊，讓這個可憐的小東西看起來總像是剛撞到東西。

雖然很難離開這麼美的水底世界，但是架在珊瑚礁上的浮臺有按摩服務，足以讓人浮上水面。如果想要體驗終極的珊瑚礁浪漫之旅，就在浮臺上過夜吧！只要預訂珊瑚礁世界的「礁岩舒眠」（Reefsleep）行程，就能裹著棉被在星空下露營，除了可以享用晚間雞尾酒、烤肉晚餐和觀星，有執照的話，還能夜潛。雖然浪濤聲讓人特別好眠，但可別錯過大堡礁的日出，這時平常淺綠色的海面會有一段時間呈現火焰般的紫紅色。

這裡的日落同樣難忘，而漢米頓島向來都有賞日落的傳統。傍晚時分一到，不管是散步、開電動車或搭接駁車，記得去一樹山（One Tree Hill）的瞭望臺。一樹山的迷

有什麼比心形珊瑚礁更浪漫呢？

你酒吧提供日落雞尾酒單，還有位置絕佳的長椅，讓你可以好好欣賞大自然數一數二的浪漫演出。

行程規畫

住宿 • 夸利亞（Qualia）酒店有一系列優美通風的樓閣，全部以木材、石頭和玻璃打造，隱身在漢米頓島北端濃密的熱帶綠意中。在酒店的任何地方都能欣賞到令人讚歎不已的海景，但是背風閣（Leeward Pavilions）以最佳日出景色為賣點，而迎風閣（Windward Pavilions）則有似乎和珊瑚海融成一片的無邊際泳池。記得到赫赫有名的水療館，試試「甜蜜時刻」雙人按摩：首先是添加了摩卡咖啡的牛奶浴，接著是巧克力香料全身按摩，其中包含招牌的漂移頭皮按摩與基本腳部按摩。
qualia.com.au

美食 • 邦米餐廳是當地原住民語邦波拉（bombora，大概的意思是「淺灘的碎浪」）的縮寫。若是在如船首艏延伸到碼頭的甲板上享用日落飲品，就能明白為何餐廳要取這個名字。太陽下山後，你回到用餐間大快朵頤島上最為人吹捧的美食，像是醃漬黃鰭金槍魚佐甜瓜、海帶與腰果等，還能透過地面對天花板的大片玻璃窗欣賞閃閃發光的海景。
hamiltonisland.com.au

娛樂 • 搭乘直升機欣賞心形礁，接著到附近的白天堂海灘享受私人野餐。白天堂海灘因為有白得不可思議的沙和淺綠色海水形成的無數夢幻旋渦，是島上另一個赫赫有名的景點，最後再由直升機來接你回去。
hamiltonislandair.com

馬拉的雪橇穿過白雪覆蓋的瑞士錫爾斯
（Sils）鄉間。

冬天
WINTER

南島

在世界底端體驗最頂級的冒險

南島馬爾波羅（Marlborough）
區得過獎的葡萄園。

紐西蘭是極限的國度。極限運動（像是最出名的商業高空彈跳等）據說就是源自這裡，皇后鎮因此自封為世界冒險之都。當地的美景也是無極限，尤其是南島，不管是閃耀著光芒的南阿爾卑斯山脈、濱海山丘上的葡萄園，還是瀑布遍及的峽灣，各種絕景應有盡有。對情侶來說，這是很單純的加法運算：極限冒險加極致美景，等於極度浪漫。要就從這一切的起點開始──公元1880年蓋好的吊橋，商業高彈跳在這裡發跡，還是皇后鎮唯一提供雙人彈跳的地方。卡瓦拉橋（Kawarau Bridge）橫跨雄偉的河谷，曾經是淘金幹道，現在則是43公尺高的專門彈跳點。

想體驗完全不同的極限浪漫，就預訂超越巔峰（Over the Top）直升機遊覽行程，飛越如鑽石般閃耀的南阿爾卑斯山脈，中途會停留讓你在僻靜處野餐，再前往冰河刻鑿出的米佛峽灣（Milford Sound）。

諾貝爾文學獎得主魯德亞·吉卜林（Rudyard Kipling）稱米佛峽灣為世界第八大奇景。想好好欣賞這個垂綴著瀑布的峽灣，參加一日遊輪行程或是划雙人獨木舟都是不錯的方法。如果你超級熱愛冒險，還可以潛水穿越峽灣。在黑暗靜止的海面下，你會看到各式各樣令人目眩神迷的珊瑚樹、魚類、章魚、鯊魚和海豚，連水肺潛水之父雅克·庫斯托（Jacques Cousteau）都說峽灣國家公園（Fjordland）是他心目中數一數二的潛水點。

接鄰瓦卡提浦湖（Lake Wakatipu）和皇后鎮的山峰上，點綴著燦爛的魯冰花。

想在南島來場不一樣的浪漫冒險？就到葡萄園之路騎腳踏車。共有五條推薦路徑任君挑選：黑皮諾（Pinot Noir）天堂的中部奧塔哥（Central Otago）、出產赫赫有名白蘇維濃（Sauvignon Blancs）的馬爾堡（Marlborough），還有以精緻微甜白酒聞名的坎特伯里（Canterbury）、尼爾森（Nelson）與威帕拉谷（Waipara Valley）。

若是在冒險的空檔想喘口氣，可以試試國民娛樂活動，開著露營車去鄉間度假幾天。豪華改裝車配有床單、廚具及其他用品，有許多車款，拿了鑰匙就能上路，旅途中也會看到不少人開著綠紫相間的Juicy牌露營車。紐西蘭的14座國家公園中，有十座位在南島，多的是旅遊路線可選。

不過，往尼爾森的方向走准沒錯。這個位在塔斯曼灣旁（Tasman Bay）陽光普照的城市，融合了19世紀殖民痕跡與純屬現代的驚喜（像世界穿著藝術及古董車博物館〔World of WearbleArt and Clasic Cars Museum〕，就已成為全球焦點）。不過，尼爾森還有另一個大賣點：十座位在南島的國家公園中，有三座離這裡很近，其中最熱門的是亞伯塔斯曼國家公園（Abel Tasman）。這個紐西蘭唯一的濱海國家公園有黃金海灘和碧綠色海水，不管是健行還是划獨木舟，來過一趟保證讓其他的公路之旅相形失色。

既然都來到了這一帶，記得拜訪金斯‧漢森（Jens Hansen）珠寶店，店主設計了《哈比人》與《魔戒》系列中都有出現的至尊魔戒。如果不想買咕嚕心愛的寶貝戒指複製品，肯定也能找到其他同樣具有極致美感的飾品。

布蘭凱特灣酒店（Blanket Bay）的度假小屋入口處佈滿了花朵。

行程規畫

住宿 • 布蘭凱特灣酒店位在閃閃發光的瓦卡提浦湖與洪保德山脈（Humboldt Mountains）之間，從特大的窗戶可以眺望湖光山色。開車前往這間度假酒店，沿途風景美不勝收，幾乎每轉個彎又是一幅令人讚嘆的全新景緻。不管是不是訂蜜月套裝行程，都別錯過在酒窖裡享用燭光晚餐。
blanketbay.com

美食 • 海拔約460公尺的山頂景觀餐廳（Stratos-fare Restaurant & Bar），位在皇后鎮空中纜車（Skyline Gondola）頂端，城市、群山以及瓦卡提浦湖的美景，在日落時分從餐廳望出去特別令人屏息。當地特色美食有阿卡羅亞鮭魚及野生峽灣鹿排等。
skyline.co.nz/queenstown/restaurant

娛樂 • 跋涉12公里，登上絕美的法蘭士約瑟夫冰河（Franz Josef Glacier），接著在雨林環繞下，泡一泡熱氣蒸騰的冰河熱水池（Glacier Hot Pools），這六座天然溫泉各有一個浪漫的背景故事。根據毛利人的傳說，這些池子又叫「海娜胡卡特莉的眼淚」（K Roimata o Hinehukatere），是一個失去摯愛的女孩落下的淚水。
glacierhotpools.co.nz

印度

黃金三角

愛與美的不朽證明

德里（Delhi）、阿格拉（Agra）與齋浦（Jaipur）形成的黃金三角，可說是旅遊行程中最著名的三巨頭，處處洋溢浪漫風情。不過，最精彩的重頭戲，是位在阿格拉的泰姬瑪哈陵（Taj Mahal），它堪稱史上頌揚愛情最偉大的建築物。這座壯觀的大理石陵寢，是由17世紀蒙兀兒王朝皇帝沙賈汗（Shah Jahan）在心愛的妻子死後所造；他的妻子慕塔芝‧瑪哈（Mumtaz Mahal）生第14個孩子時難產過世。追尋浪漫的人應該第一站就來這裡。

　　據估計，當時動用了2萬2000名工匠與1000頭大象，花費超過22年的時間，才打造出孟加拉詩人泰戈爾所描述的「永恆面頰上的一滴淚珠」。雖然你可能想就流連在多道拱門、樑柱和庭院間，但這裡有太多愛情故事和在地人才知道的秘密，所以雇用私人導遊會是不錯的選擇（詳見娛樂）。可以的話，盡可能在滿月期間造訪，這時泰姬瑪哈陵寢莊嚴的輪廓，會增添一股全然的神秘氣息。

　　附近還有17世紀的紅砂岩阿格拉堡（Agra Fort），建築之美讓人不禁忘記紅堡在沙賈汗愛情故事中扮演的悲涼角色：泰姬瑪哈陵完工後不久，沙賈汗其中一位兒子，以不適任統治者為由，將他軟禁於此。

　　離阿格拉三小時車程的德里也有一座巨大的紅堡（Red Fort），是不容錯過的蒙兀兒建築黃金時期遺跡。其他必訪的當地景點還有17世紀的賈瑪清真寺（Jama Masjid，印

左上圖：數以千計的舞者在粉紅之城（齋浦）的舊城區歡祝節慶。中上圖：好利節（Holi）上使用的繽紛彩粉。右上圖：一輛人力車經過齋浦的風之宮（Hawa Mahal）。右頁：錢德拉瑪哈宮（Chandra Mahal），又稱城市宮殿。

度最大的清真寺之一），以及16世紀的胡馬雍陵（Humayun），這座混合波斯與蒙兀兒風格的陵寢，看起來好像飄浮在周遭的花園之上。

不過，德里有個當季獨享的精采行程 —— 古特伯節（Qutub Festival）。這是一個在古特伯高塔（Qutb Minar）建築群舉行的當地古典樂盛典，同時還能參觀世界最高的磚造宣禮塔（活動日期不固定，但通常是在11月底到12月初）。

齋浦離德里約四個多小時車程，由於舊城區是以粉色石磚建造，所以又稱粉紅之城。這裡是遊覽皇宮的好地方，可以去公元1799年建造的哈瓦瑪哈（Hawa Mahal，又叫風之宮），看看這棟愈高愈窄的建築，還有它像蛋糕層層排列的窗戶和隔牆。或是造訪混合不同時期風格的城市皇宮，欣賞由中心往外延伸的華麗建築，至今其中幾棟還有皇族居住。16世紀的安珀堡（又稱琥珀堡）也很值得一探究竟，這座佇立山頂的磅礡建築，以紅砂岩和大理石建造，可遠眺摩它湖（Maota Lake）。

齋浦繁忙的市集也是名聞遐邇，到處都是容易讓人失去理智的精緻織品與珠寶，可能得再買一個行李箱才裝得下新到手的戰利品。記得去巴布市集（Bapu Bazaar）找模板印花、紮染和刺繡滾邊的布料；想買珠寶就去瓊利（Johnri）和凱瑪利瓦拉市集（Chameliwala Bazaar）。凱瑪利瓦拉市集錯綜複雜的巷道中，藏著令人讚嘆的寶石精品；即使無法獲得一座以你為名的泰姬瑪哈陵（21世紀的建築法規管太多了），這個區域仍舊可以刺激另一半對你表達不朽的愛。鑽石恆久遠，一顆永流傳！

待在阿格拉的Oberoi Amarvilas酒店的泳池旁，感覺就像皇室一樣備受寵。

左頁：齋浦安珀堡（又稱琥珀堡）的一名年輕男子與大象。上圖：泰姬瑪哈陵是全世界最浪漫的建築物。

行程規畫

住宿 • Oberoi Amarvilas酒店離泰姬瑪哈陵不到1公里遠，有幾間客房可以遠眺這個著名景點。在這般美景下，何不善用酒店最浪漫的服務：在房內陽台共享鮮花和燭光晚餐。連水療按摩房都看得到陵寢代表性的白色圓頂。但Oberoi Amar-vilas的浪漫之處不只是泰姬瑪哈陵，還有美麗的臺階草坪、會倒映景色的池子、涼亭，以及一間在水晶燈照耀下的休息室，其中最浪漫的大概就屬情侶祝福儀式了，最後兩人會互戴花圈。
oberoihotels.com

美食 • 一般公認唐布克（Dum Pukht）就算不是全世界最好吃的餐廳，也稱得上亞洲數一數二的餐廳。位在新德里的唐布克猶如一首藍色（與銀色、水晶和扇形拱門構成的）狂想曲，內部奢華的空間是在向18、19世紀的納瓦布（這塊行政區如今叫北方邦〔Uttar Pradesh〕）致敬，「唐布克」則是當地傳統烹調方式，是指將食材放入密封陶器，佐以少量香料與精緻調味，再用慢火燉煮。
itchotels.in

娛樂 • 預定Viator旅遊顧問公司的泰姬瑪哈陵私人導覽行程，不但可以免去大排長龍之苦，還能盡情聆聽導遊在書法、鑲工和歷史等各方面的專業解說。

聖摩里茨

浪漫健行、滑雪後的美食和閃閃發光的群峰

對擁有歐洲海拔最高賭場的地方來說，現代聖摩里茨的發展是起源於一個賭注，也不怎麼令人意外。故事是這樣的，城鎮中心第一位旅館老闆，在公元1864年夏季對最後一批房客提議說：「冬天再來一次，不好玩我退你錢。」結果這些人在耶誕佳節期間回來，一直待到春天才離開，阿爾卑斯的冬季觀光業就此誕生。親自造訪時，你也會很感激這裡的觀光業如此盛行，到這裡的最佳方式是搭乘伯連納列車（Berina）或冰河列車（Glacier Express），一路欣賞沿途風景。

這類列車自成一個浪漫國度，訪客在瑞士或義大利的車站上車後，快速穿越閃耀白色光芒的阿爾卑斯山脈，抵達更加耀眼動人的聖摩里茨。

的確，這個著名的度假勝地感覺散發著水晶香檳（Cristal）與香奈兒雪地靴的氛圍，但絢麗風格正好和背景融為一體。這裡的恩加丁谷（Engadin Valley）有迷人的斜坡、58座滑雪纜車、約350公里長的雪道，以及一條特別浪漫的步道——穆奧塔斯穆拉佑（Muottas Muragl）的哲人之路（Philosopher 's Trail）。哲人之路結合自然與人為的美，兩旁是印有蘇格拉底和沙特等哲學家發人深省的金句區牌。沿路景色令人驚嘆，還能在鋪了毛毯的長椅上彼此依偎。附近有一間名字取得非常適切的羅曼蒂克酒店（Romantik Hotel Muottas Muragl），可以進去喝杯熱巧克力暖暖身子。

左上圖：拜德魯特斯宮酒店（Badrutt's Palace）點亮了白雪籠罩的聖摩里茨。中上圖：拜德魯特斯宮酒店裡迷人的文藝復興酒吧，全天候提供威士忌與雪茄。右上圖：造訪聖摩里茨的滑雪客有70多條雪道可選。

冰河列車（Glacier Express）蜿蜒穿過阿爾卑斯白雪覆蓋的山景。

行程規畫

住宿 • 拜德魯特斯宮酒店自西元1896年起，就屹立在聖摩里茨——這個湖畔區域坐看阿爾卑斯山的絕色景緻，一直都很受王室與名流歡迎，其中最有名的是大導演希區考克，自從在這度蜜月後，據說他又來了34次。只要預訂美麗河岸套房（Beau Rivage Suite），就能泡在大理石浴缸中，欣賞最夢幻的山間美景。
badruttspalace.com

美食 • 天堂餐廳（El Paradiso）位在海拔約2100公尺的考爾維利亞山（Corviglia）斜坡上。除了坐在鋪著羊皮的戶外坐席上，欣賞壯麗景致，還能到以燭臺燈光點綴的露天酒吧喝一杯，這裡的酒單可是阿爾卑斯山數一數二的。千萬別錯過這裡的起司鍋和香甜鬆餅佐焦糖蘋果。等你大快朵頤完畢，可以滑雪下去，或是走10分鐘到蘇維塔（Suvretta）搭纜車下山。
el-paradiso.ch

娛樂 • 來泡個熱水澡吧！在恩加丁谷一路滑雪、健行、吃喝之後，就可以來泡泡熱氣蒸騰的溫泉了。沙馬登礦泉水療中心（Mineral Bath and Spa Samedan）位在歷史村落沙馬登中，很難想像它就蓋在列入地標、受到保護的教堂裡。
mineralbad-samedan.ch

馬爾地夫

專屬的島嶼樂園

來到馬爾地夫群島，你肯定會愛上這百分之一的國土，因為馬爾地夫共和國的領土有百分之99都是水域（確切來說是印度洋），剩下的百分之一（土地）令人倍感舒適又與世隔絕，這兩個特質正好符合浪漫的條件。確實，坐落在印度南方約430公里的馬爾地夫群島，是那種想要被放逐到荒島時會去的地方。礙於自然環境的限制，所有活動都跟水有關。如果附近還有另一座小島，也許可以去造訪當地村落，看看島上漁民乘著多尼船（dhonis，傳統的馬爾地夫船隻，前方有上翻的優雅船鼻）往返印度洋，就已不虛此行。

不過，島上的最大賣點離住處不遠：萬里晴空就在你的房門外，還有350種珊瑚，以及伴隨而來的數千魚類。事實上，島嶼周圍的珊瑚礁就相當明豔動人，不需要跳上潛水船也能感受那種震撼。基本上，只要一下床，就能進入水肺潛水之父雅克・庫斯托的特選景點。回到岸上，可以在泳池泡一整天、躺在坐臥兩用沙發上悠閒度日，或是去做水療，外加只有在（一共1190座）隱密島嶼上才有的親密時刻。

左上圖：小屋旁就有馬爾地夫的熱帶潟湖可以浮潛。中上圖：瘤海星等海洋生物點綴海床。右上圖：在庫拉瑪緹島度假村（Kuramathi Island Resort）岸邊搭多尼船去欣賞落日。

遠離塵囂的美亞德赫萬福師度假村（Jumeirah Dhevanafushi）內，有可以觀海的私人泳池。

行程規畫

住宿 • 美亞德赫萬福師度假村有奢華的水上套房，以及可以盡覽無限海景的私人海灘。在水上的塔利思（Talise）水療中心，臉朝下躺在按摩臺上，會看到鰻魚、鯊魚與大群熱帶魚就在下方悠游，令人驚奇不已。還有一座水上健身房可以動動筋骨培養食慾，再請度假村安排私人的島上大餐。
jumeirah.com

美食 • 雖然三餐大多在住宿點附近解決（幾乎每座度假村都占了一整座島嶼，所以要到不同餐廳會有困難），還是可能因為國際航班時間，或只是想去首都，而在馬列（Malé）逗留。不管是什麼原因，最好造訪Jen Malé飯店頂樓的Azur餐廳，享受360度的海景、新鮮的混合風格菜餚，以及宜人的微風。
hoteljen.com

娛樂 • 馬爾地夫位處印度洋溫暖海域，非常適合水上運動，像是風箏衝浪或寬板滑水等，況且，應該沒有人會介意在這麼美的海域落水。

墨西哥

猶加敦半島

陽光、海洋與可以悠游其中的滲穴

涵蓋馬雅金字塔（Maya Castillo）的圖倫
遺址妝點了猶加敦半島。

在猶加敦半島，不管是上山還是下海都無比浪漫。這座位在墨西哥灣與加勒比海之間的迷人半島，能讓你體驗超乎想像的雙人冒險，像是登上高聳的馬雅遺跡，或是到地下坑洞游泳。事實上，光是探索島上許多馬雅文化全盛期的雋永遺跡，整個旅程就已塞滿，不過，有幾個景點一定得納入旅遊清單。記得去看看奇琴伊察（Chichén Itzá）這個馬雅文化中相當重要的政治與經濟重鎮，再去科巴（Cobá）尋找半島上最高的馬雅金字塔，同時欣賞壯闊的叢林全景；在少數幾個馬雅圍城之一的圖倫（Tulum）遺跡中，從懸崖頂端觀賞絕色海景，最後這一站特別受歡迎，因為可以隨時中斷遊覽行程，跳入碧綠色的海中。

重新提振精神後，穿上衣服爬回懸崖上，又可繼續欣賞令人驚歎的宮殿史跡、繪有壁畫的寺廟與卡斯蒂略金字塔（El Castillo）。

地底下也有馬雅文明，你可能不會想要深入內部（在當地等同進入地獄），不過，造訪地底洞穴的入口是島上最受歡迎的行程之一。當地人稱這類滲穴為石灰阱，裡頭注滿澄澈的碧綠色海水，周遭都是青翠的植被，是這個地區的特色。事實上，奇琴伊察（大致上可翻譯成「水井

奇琴伊察附近的塞諾特石灰阱（Ik-Kil Cenote），是半島上眾多能在其中游泳的滲穴之一。

口」）的名字就是取自當地一座天井。這座天井不能游泳，但島上有許多能在其中悠游的石灰阱，有的甚至還能潛水。

島上還有無數可以探索當地自然美景的地方。其中數一數二的，要算是思安卡安生態保護區（Sian Ka'an Biosphere Reserve），這裡有數百種鳥類、爬蟲類、魚類和哺乳類（也是觀賞海牛的好地方）。可以花一天的時間健行，或是乘船穿越塞列斯屯國家公園（Celestun）的紅樹林，占地約6萬公頃的國家公園內，棲息著火鶴、白鷺與鵜鶘，也是瀕臨絕種海龜的孵化地。

不管當地大自然再怎麼美，也是會有足以匹敵的城市風景，梅里達（Merida）就是箇中翹楚。梅里達是猶加敦半島經歷西班牙征服統治的文化首都，到處都是博物館、劇院、教堂、廣場、公園與莊園。不管是白天或夜晚，都是消磨時光的好地方。尤其在週四晚上，可以去拱廊覆蓋的殖民風格聖塔露西亞公園（Parque Santa Lucia）走走，觀賞猶加敦小夜曲演奏會。同一區還有間人氣很高的當地餐廳Apoala，提供瓦哈卡（Oaxaca）系的菜色，還有一座浪漫露台。

想來點完全不同的城市體驗，可以去典型的濱海城鎮卡門海灘（Playa del Carmen），陽光、沙灘與衝浪是這裡的魅力所在。害了浪漫病？上山下海的旅程、幾張海邊躺椅，再來幾杯瑪格麗特，就是巫醫開給你的特調處方。

穿著傳統服飾的情侶在慶典上跳舞。

行程規畫

住宿 ● 玫瑰林馬雅飯店（Rosewood Maya-koba）位在馬雅海岸（Riviera Maya）的建築群中，這個區域河道與潟湖遍佈，進出可步行也可搭船。據說玫瑰林馬雅飯店最浪漫的房間是水上潟湖套房，不但有戶外淋浴間和露天泳池，還有私人碼頭。預訂雙人日月蝕之旅（Eclipse Sun & Moon Journey），會有船隻從私人碼頭載你去私人島嶼做水療。水療服務除了去角質、可可與玫瑰花瓣裹敷，還有令人難忘的按摩體驗。
rosewoodhotels.com

美食 ● Aldea Corazón是一間不起眼的饕客樂園，位在卡門海灘第五大道上，入口不太好找，裡頭是枝葉繁茂、點著火炬的秘密花園，還有石灰阱和瀑布。菜單上的地方美食經過創意改造，像是淋梅茲卡爾酒火烤起司等菜餚。
grupoazotea.com

娛樂 ● 去半島東北端Yum Balam生態保育區的歐波克斯島（Isla Holbox）走走吧！這座無車的寧靜小島有紅樹林與海灘，可以游泳、浮潛、風箏衝浪，或是單純放鬆。

加拿大

魁北克市

在古老首都歡慶冬季幻境

魁北克市的冬季街頭到處都是
充滿節慶氛圍的裝飾。

早 在《冰雪奇緣》成為全球發燒話題前，法裔加拿大人就已經知道沒人抵抗得了冬季幻境的誘惑。的確，在迪士尼首次推出冰雪王國艾倫戴爾故事的幾十年前，魁北克市就已打造出一座冰雪王宮，以會發出鈴鐺聲響的雪橇作為交通工具，還有親切的雪人吉祥物。至今，這個古老首都（La Vielle Capitale）仍舊散發出電影中冰雪王國的氣息。想體驗雪白世界的全然魅力，就在魁北克冬季嘉年華（Carnaval de Quebec）期間造訪，每年都會舉行這個從19世紀延續至今的傳統慶典。活動中的親善大使是 —— 大約210公分高的雪人博納（Bonhomme），是每個魁北克人自小就耳熟能詳又喜愛的角色。1月底，市長會把城市之鑰交給他，接下來幾週，這位溫柔的巨人就會在國會對面的冰雪王宮中治理魁北克市。事實上，如果想去他的宅邸走走，可以在嘉年華的指定時段前往參觀。

費爾蒙特芳堤娜城堡酒店（Fairmont Le Château Frontenac）色彩鮮豔的建築，聳立於城市天際線上。

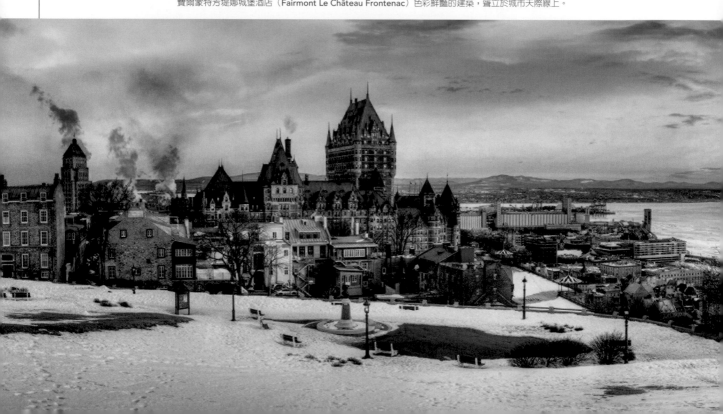

不管是在一旁觀賞還是親自上場，都別錯過橫越結凍的聖羅倫斯河上的獨木舟比賽、充滿音樂與花車的遊行、冬季交響樂表演、國際雪雕大賽、雪橇體驗，以及狗拉雪橇。冬季活動的鐵粉務必嘗試一下雪浴（一群只穿著泳衣與靴子保暖的人，在雪中歡慶嬉鬧）。不論要不要體驗雪浴，你很快就會學會當地人保暖的妙計：擠在一起猛灌馴鹿酒。這種熱馴鹿酒裝在中空的長手杖裡，頂端蓋子一般是雪人博納的頭像。冬季嘉年華的活動還包括糖屋（各種用楓糖漿做的物品）、露天冰酒吧（試試冰酒或冰蘋果酒），以及遍及全市的普丁週慶典（Poutine Week，普丁是由薯條、起司丁與肉汁做成的當地食物）。

即使不是為了嘉年華而來，魁北克的冬季仍舊是充滿魅力的幻境，走過蒙特摩倫西瀑布（Montmorency Falls）上方的吊橋時，更能深刻體會到這一點。這座瀑布比尼加拉瓜瀑布高了將近30公尺，凍成各種令人驚嘆的形狀，有的看起來一點都不像冰，反而像石筍，而這種美感只是整個浪漫氛圍的一部分。據說18世紀時，有一位即將嫁做人婦的女子，得知未婚夫戰死沙場後，穿著婚紗跳入瀑布中，當地人說，透過迷霧還可以看見她的身影（在地居民有點把這裡當作戀人卿卿我我的地方）。

冬季愛戀之旅還有兩個必訪的傳統景點：一是尤維爾廣場（Place d'Youville）的戶外溜冰場，就在一扇通往魁北克舊城堡壘大門的對面。二是1884年雪橇滑道（Toboggan Slide Au 1884），這個19世紀的代表景點能讓伴侶以時速72公里的高速一同衝下滑道。如果覺得有點冷，記得重複那

費爾蒙特芳堤娜城堡的豪華客房。

句贏得三張白金唱片、一座奧斯卡和一座葛來美獎的歌詞：「這冰冷對我而言不算什麼。」

行程規畫

住宿 • 費爾蒙特芳堤娜城堡是著名的城堡式酒店，遠眺聖羅倫斯河。待在酒店裡的1608 Wine & Cheese Bar，可以整趟旅程都窩在壁爐旁悠閒度過。要是碰上下雪，就到六樓日光浴室的熱澡缸泡一下，看著雪花飄落在熱氣蒸騰的古城屋頂，可是故事書裡才有的浪漫場景（前提是，故事書裡要有熱澡缸）。
fairmont.com

美食 • Panache餐廳是一棟兩層樓高、燈光朦朧的舊倉庫，裡頭有外露的木頭梁柱、石牆、超級舒適的座椅，以及用玻璃罩住的中央壁爐。主廚在歐美一系列米其林星級餐廳歷練過，手藝超群。不管你點什麼，記得留點肚子吃甜點。這裡的法式千層酥會搭配三球香草冰淇淋，口味分別是大溪地、墨西哥與馬拉加西香草。
saint-antoine.com

娛樂 • 到當地冰旅館（Hôtel de Glace）來場一日遊！買入場卷就能參觀客房（過夜的旅客要等到天黑後才能獨享客房）與公共空間。別錯過各種冰酒吧、冰教堂與室內冰滑梯。
hoteldeglace-canada.com

加勒比海

白沙灘、湛藍海水與火山群峰

遠眺由古斯塔維亞港（Gustavia Harbour）的船隻、
糖果色的屋頂與碧綠色的海面構成的美景。

著名的小說家與記者馬奎斯曾若有所思地說：「現實中的加勒比海就像最狂野的幻想。」，因此才會出現本書226頁的無牆旅館、之後的糖果色市內房舍，以及旅程中探索絕色島嶼時如夢如幻的新發現。不過，在所有當地體驗中，最棒的反而是那些最簡單的事物：兩人獨享的原始海灘、與你的浮潛路徑交會的暖流、妝點枕頭的洛神花，以及讓你在這個另類實境中，感覺賓至如歸的熱情款待。

從聖巴泰勒米島揚帆駛入碧綠色海洋。

聖巴泰勒米島

公元1493年，這座島原本以克里斯多福・哥倫布的哥哥巴爾托洛梅奧（Bartholomew）為名，直到公元1957年，大衛・洛克菲勒（David Rockefeller）在這個雅緻的島嶼上買下一塊地，聖巴泰勒米島才成為現今世人所看到的模樣。其他富豪很快就跟隨這位知名銀行家的腳步而來，對於當地奇特的地形著迷不已，強烈的吸引力與令人陶醉的美景（一片祥和的群峰、豐富多變的植被，以及多得不得了的完美海灘），就此讓這個背風的隱蔽處成為加勒比海上最夯的小島。

即使當地有各式各樣時髦的去處，原始海灘才是聖巴泰勒米島真正的特色。水域寧靜的科隆比耶海灘（Colombier）一邊有半圓形的樹林圍繞，據說是所有海灘中最浪漫的，只能搭船或步行抵達。其他推薦景點還有因傳統漁船而受歡迎的科羅索爾海灘（Corossol），以及很適合浮潛的馬里戈海灘（Marigot）。值得造訪的地方講都講不完，但不管

行程規畫

住宿 • 白馬酒店（Cheval Blanc）位在相當受遊客喜愛的海灣——遼闊的弗拉芒灣（Baie des Flamands）。酒店的內部裝潢俐落平靜（右圖），正好與色彩鮮豔的熱帶花園互補。在花園裡享受露天雙人按摩，就完成其中一個必做浪漫體驗，也別忘了預訂在附近無人島的精緻法式野餐。
stbarthisledefrance.chevalblanc.com

白馬酒店的花園小屋布置充滿
加勒比海的特色。

玉山度假酒店（Jade Mountain resort）房內的私人無邊際泳池，能盡覽皮通山（Pitons）美景。

在何時去何處漫游，最後都一定要到貝殼海灘（Shell Beach），這裡的日落美景筆墨難以形容，去Do Brazil餐廳坐下來點幾杯雞尾酒，你就能明白。

聖露西亞

曾贏得諾貝爾獎的詩人與劇作家德里克・沃爾科特（Derek Walcott）說：「我來自一個景色壯麗的地方。」還未踏上他的故鄉土地，就能親眼見證這句話。事實上，你會見到兩座宏偉的皮通山（左圖）。這兩座兄弟山峰被列入世界遺產，是島上招攬客戶的王牌，本身就充滿了戲劇張力，覆滿森林的的山坡自海中聳立而起，往上陡峭拔尖直衝天際。

你可能想盡早和這兩座雙峰多多交流，機會也多得很。徒步爬上大皮通山（Gros Piton），就能在山頂欣賞壯闊的島嶼全景。又或者可以滑溜索來欣賞小皮通山（Petit Piton），途中會快速穿越可可、咖啡、芒果和棕櫚樹的種植場。

還有一個超受歡迎的行程，就是參觀皮通世界遺產的地熱區。這裡有一座可以開車進入參觀的火山，火山口有無數噴氣口、冒著泡泡的泥池，以及湧出硫磺的溫泉，有的硫磺池甚至可以下水泡一下。確實，得花點時間才能適應硫磺的臭味，不過，你一旦與環境融合為一，礦物舒緩的功能開始生效後，就會想在這待上一陣子，周遭令人印象深刻的景緻更是加分不少。

行程規畫

住宿 ● 玉山度假酒店由著名建築師尼可拉斯・屈貝寇（Nicholas Troubetzkoy）所設計。客房（有個很合襯的名字叫聖殿）就建在懸崖壁上，沒有外牆，跟皮通山全景之間毫無阻礙。不管是躺在奢華紗帳床還是優雅的日光躺椅上，或是泡在私人的無邊際泳池中，都能欣賞到令人驚歎的美景。酒店的食物也相當精緻。
jademountain.com

傳統的繽紛市區建築及戶外餐廳，為古拉索（Curaça.）水岸增添不少色彩。

不過，也許欣賞皮通山最好的方式，就是戴上浮潛通氣管和面罩。搭船前往兩座皮通山的山腳，你會發現當地的海底世界就像沃爾科特所說，景色無比壯麗。

古拉索

古拉索的所有樣貌都像是清醒的夢境，首都就是一例。漢德斯卡德（Handelskade，上圖）的水岸滿是17世紀的荷蘭建築物，這些房屋因為漆上鮮豔的糖果色彩而有了不同的風貌。此外，當地的愛瑪女王浮橋（Queen Emma Pontoon Bridge）在大型船隻通過時會打開來，一整天都可以看到這個娛樂表演，不如在一家面向浮橋的咖啡館占張桌子，邊享用雞尾酒邊欣賞奇景。

行程規畫

住宿 • 庫拉胡蘭達度假村與海灘俱樂部位在懸崖頂端，遠眺一條狹長而熱鬧的碧綠色水域。古拉索有個熱門潛水點就在度假村旁邊，還有個相稱的名字叫愛麗絲夢遊仙境礁，裡頭有綠海鰻、龍蝦、星狀珊瑚，以及豐富多樣的魚類等著你。
kurahulanda.com

聖文森及格瑞那丁

如果說聖巴泰米勒島很適合進行海灘巡禮，那麼聖文森及格瑞納丁就是跳島天堂。你可以把小聖文森飯店（Petit St. Vincent）當作基地，酒店的汽艇船隊會很樂意載你們到附近其他著名島嶼（見住宿）。

第一站先到托貝哥珊瑚礁（Tobago Cays）去，看看夢幻水中生物保育區裡的成群迷你寶石（翻成白話文就是：超棒的浮潛體驗）。接著前往卡里亞庫島（Carriacou）看看迎風村（Windward Village）的造船傳統，或是品嚐懶龜餐廳（Lazy Turtle）赫赫有名的披薩。行程最後造訪馬斯蒂克島（Mustique），欣賞點綴在海岸邊的宏偉別墅（去Basil's Bar喝一杯，搞不好會碰到米克·傑格〔Mick Jagger〕或凱特王妃）。高爾夫球愛好者可以去卡努安島（Canouan）上令人驚嘆的18洞球場。至於保證會逗你笑（還供應超好喝飲料）的地方，非快樂島（Happy Island）這座用海螺貝殼打造出的小島莫屬。

行程規畫

住宿 • 小聖文森飯店是國家地理全球精選酒店之一，不但有迷人的風景、技巧高超的水療按摩師，還有用來取代電話的信號系統，相當受旅客歡迎。小屋外有一根迷你旗桿，需要什麼就直接用旗子向飯店人員傳達。想請人把你最愛喝的飲料送到吊床旁？那就舉黃旗。不想被打擾就舉起紅旗。
petitstvincent.com

你在托貝哥珊瑚礁的潛水搭檔可能會是一隻海龜

德國

浪漫之路

假日市集、夢幻城堡與暖呼呼的香料酒

歡迎來到童話故事的大本營。迪士尼睡美人城堡的靈感就是來自新天鵝堡（Neuschwanstein）（詳見第234頁），這座地標離格林兄弟的故鄉黑森（Hessen）不遠，是19世紀童話國王路德維西二世（Ludwig）的宅邸，他也是著名的隱居夢想家，這裡大概是浪漫之路上最適合作為起點的地方。國王與世隔絕的山頂住所就在巴伐利亞阿爾卑斯山上，你可以一邊遠眺赫恩修瓦高（Hohenschwangau Valley）的河谷和森林，一邊跟伴侶來個歐若拉公主的「真愛初吻」，正式展開這趟旅程。這條傳說中的浪漫之路，位在巴伐利亞與巴登符騰堡（Baden-Württemberg）兩州之間，全長320公里，是一場城堡與中古世紀城鎮的壯遊之旅，背景襯著阿爾卑斯山，冬季還有聖誕市集。

事實上，光是市集本身就充滿浪漫魅力，暖呼呼的香料酒、閃爍的燈光、巡迴演唱的歌手，還有必備的互相依偎，閃閃發光的白雪更是加分。

逛完豪華的新天鵝堡、聽了一堆路德維西二世的怪僻後，可以造訪附近的舊天鵝堡（Hohenschwangau）與林德霍夫宮（Linderhof），完成這位國王住過的城堡巡禮。

左上圖：巧克力「雪球」還只是在德國浪漫之路上會吃到的眾多甜點之一。中上圖：羅騰堡是一個以聖誕市集聞名的中世紀古城。右上圖：心形聖誕薑餅展示。右頁：從佩拉赫塔（Perlach Tower）遠眺奧格斯堡市政廳（Augsburg Town Hall）的洋蔥狀屋頂。

往北走之前，務必在靠近奧地利邊境的小鎮福森（Füssen）停留一下。這座位在湖上的小鎮，被一條河切為兩邊，至今仍以生產廣受歡迎的手工魯特琴而聞名，完全符合童話故事中的浪漫景致。

浪漫之路蘊藏的寶藏，大概花一輩子都探索不完，沒那麼多時間的話，就造訪幾個最精彩的景點：想看看朝聖教堂（見娛樂），就去普法芬溫克爾（Pfaffenwinkel）；想欣賞古城牆就去諾德林根（Nordlingen）與丁克斯布爾（Dinkelsbühl）；而羅騰堡（Rothenburg ob der Tauber）身為浪漫之路上頗著名的一站，則是包羅萬象什麼都有。這個德國保存最完整的中世紀城鎮，不但有鵝卵石街道、半木結構的房屋與雄偉的高塔，還有一個特別龐大的聖誕市集。羅騰堡的基督降臨節慶典可追溯到15世紀，至今沒有太大改變。中世紀的市集廣場（Marktplatz）裡，到處都是手工藝品、飲料和甜點（別錯過羅騰堡雪球，一種加了水果蒸餾酒的油酥脆餅），還可一窺羅騰堡騎手（Rothenburg Rider）的身影，從中世紀開始，就有這個騎在馬背上揭開聖誕季序幕的角色。想要看到他，就必須算准時間在降臨節開幕的時候造訪。

繼續往北前進，會碰見更討人喜愛的聖誕市集，比方說在文藝復興時期的魏克爾斯海姆城堡（Weikersheim Castle）庭院中的市集，以及在陶貝爾比紹夫斯海姆（Tauberbischofsheim）的13世紀庫爾麥茲堡（Krumainz Castle）外的市集。

要為這趟旅程收尾，可以到地勢高低起伏的河畔城鎮烏茲堡（Würzburg），它就位在著名的葡萄酒產區中央，當然得點一瓶最棒的當地巴克斯酒（Bacchus），舉杯慶祝童話之旅畫下了完美的句點。

購物群眾逛著羅騰堡聖誕市集的食物與禮物攤位。

左頁：新天鵝堡。上圖：聖母升天教區教堂（Parish Church of the Assumption of the Blessed Virgin Mary）繪有壁畫的天花板。

行程規畫

住宿 • 位在羅騰堡的Tilman Reimenschneider酒店擁有半木結構，前身為創建於16世紀的釀酒廠（你可以預訂蜜月套房，裡頭有懷舊的手工上漆四柱床），地理位置優越，即使在聖誕市集喝太多杯香料白酒，也不必擔心，步行幾分鐘就可以回到飯店。

tilman-riemenschneider.de

美食 • 市民醫院附屬酒館餐廳（Bürgerspital Weinstuben）前身是14世紀救濟院的一部分，現在這些建築群裡有一間酒廠、酒吧和餐廳。想像一下在拱形天花板下點著燭光的角落，以得獎招牌酒配上著名乾式熟成德國牛肉，與一杯西萬尼（Silvaner，白酒）或藍佛朗克（Blaufränkisch，紅酒），簡直是無比享受。

buergerspital-weinstuben.de

娛樂 • 不管信不信教，都該去教堂走一遭。當地古老禮拜堂在不同季節別有風情，值得一訪。浪漫之路上最知名的，就屬位在普法芬溫克爾的教堂，先從洛可可風建築的維斯朝聖教堂（Wieskirche）開始，這間教堂是德國最重要的朝聖點之一，接著再去11世紀的Rottenbuch修道院，這間修道院在18世紀以巴洛克風格重新翻修，至今仍是一間教區教堂。

東南亞

靈性與感性交會之地

越南下龍灣（Halong Bay）
沐浴在金黃色的落日餘暉中

作家皮科・艾爾（Pico Iyer）在著名的散文《旅行的意義》（Why We Travel）裡，描述了他去東南亞旅行的後遺症：「我清醒地躺在床上，不是因為時差……而是因為我正一頁頁翻著照片，把日記讀了又讀，彷彿想從其中擷取什麼奧祕。任何人看到這奇怪的一幕，都知道問題所在：我戀愛了。」對於這個充滿稻田與寺廟的奇幻世界，艾爾的反應相當正常。在水上市集、喀斯特小島、椰奶與香茅的世界中，你一定也會不知不覺就動了真情。

僧侶在龍坡邦（Luang Prabang）進行托缽化緣儀式。

寮國龍坡邦

龍坡邦就像一個特大號的珠寶盒，位在多山的湄公河（Mekong River）與南康河（Nam Khan Rivers）匯流處，擁有不少華麗的佛教產物。可以去探訪16世紀的香通寺（Wat Xieng Tong），這裡有一株從地板到天花板的生命之樹馬賽克，由數千片彩色玻璃瓷瓦拼貼而成。不過，外觀裝飾著華麗金銀的薩恩寺（Wat Sene），也同樣美得令人眩目，而位在山頂的宗西寺（Wat Chomsi）雅致的金色尖塔，不但毫不遜色，攀上328道階梯，眼前就是遼闊的城市與河流美景。

雖說光造訪寺廟就可以耗上整趟旅程，這一帶還有其它不容錯過的魅力，尤其是晨間佈施更值得一看。這個長久以來的傳統，絕對是全世界值得5點就爬起來的最佳理由之一。眾人排在街道兩旁，用食物裝滿當地僧侶的托缽。穿著藏紅色長袍的靜默僧侶接受民眾虔誠的供養，這種沉靜散發出動人的氛圍，讓人每天都想以這樣的方式展開一天。有沒有趕走瞌睡蟲的好方法？那就去鎮上挑一間保有法國殖民時期風采的咖啡館，點杯超濃烈的咖啡。

行程規畫

住宿 • Amantaka酒店如聖殿般的套房及寧靜的花園，承襲了龍坡邦的佛教傳統，優雅的室內陳設則展現出寮國作為法國殖民地的過去。許多套房都附設泳池，但如果比較喜歡河上風光，可以預訂酒店的船隻，來趟私人的湄公河探險，船上還有雞尾酒和精緻餐點可供享用。aman.com

龍坡邦Amantaka酒店的塔卡湄公河套房（Taka Mekong Suite）。

想追求極致的浪漫體驗，就到巴拉望的巴奎灣（Bacuit Bay）划船悠游僻靜的翠綠色潟湖。

菲律賓巴拉望

近來媒體宣稱巴拉望是世界上最美的島嶼，但事實並非如此，至少不僅於此。這個行政區由1780座島嶼組成，一座比一座雅致。有的地勢低窪、輪廓優美，完全覆蓋著原始林；有的高聳直立、崎嶇不平，表面佈滿岩石，細長的植物以奇特角度從縫隙中生長出來；還有的像是從碧綠色水域中往外探出的迷你指頭，彷彿共同享有這個群島的海域——蘇路海（Sulu）與南海（South China Sea），時不時對你豎起大拇指。

它之所以會想對造訪巴拉望的遊客說聲恭喜，來到這邊你就會明白了。除了島嶼本身，這裡還有無數潟湖、洞穴和海灣可以探險，最理想的方式就是搭上螃蟹船（Bangka）。搭乘這種傳統菲律賓船隻，有一半的樂趣，是你根本猜不到下一艘船的竹製浮板會是什麼顏色。（亮粉紅色或螢光紫？有何不可？）不過，即使是最鮮豔的浮板，也不比水面下繽紛。不管是游泳、浮潛或是水肺潛水，都可欣賞發光的紫海葵、像尼莫一樣的小丑魚、彩虹鸚嘴魚、銀鰺魚、黃紋石鱸等數千種海洋生物。

有個景點千萬別錯過——愛妮島（El Nido）的迷你諾島度假村（Miniloc Island）。這間度假村是拉根島度假村（Lagen Island）的姐妹飯店，離你住宿的地方不遠，記得去看看那裡的房礁（見住宿）。雖然你可能會覺得要忠於住宿的拉根島度假村，但是在迷你諾島浮潛會讓人有一見鍾情的感受。這又進一步證明了，巴拉望的島嶼一座比一座精彩。

行程規畫

住宿．愛妮島的拉根島度假村以清澈透明的海灣當作迎賓地墊，以林木茂密的石灰岩懸崖當作後院。白天螃蟹船會載你造訪所有最棒的當地海灘與潟湖，欣賞完著名的拉根島落日，還可以請度假村在碼頭或附近的淺灘上安排私人晚餐。
elnidoresorts.com

記得造訪遍及峇里島烏布（Ubud）的梯田。

印尼峇里島

伊麗莎白·吉兒伯特（Elizabeth Gilbert）在暢銷小說《享受吧！一個人的旅行》（Eat, Pray, Love）中，將峇里島描述為旅程中的「愛戀」之站，想了解背後的原因，就直接造訪她住過的山間城鎮烏布。多霧的烏布也是峇里皇室的心頭最愛，除了翠綠色的稻田與叢林環繞的寺廟，夜間還能觀賞火舞，讓你身受這種最純粹的魔力吸引。

烏布恰好位在島中央，非常適合作為探索整座島嶼的基地。首站先造訪賈提盧易（Jatiluwih）的梯田，接著去看看島上眾多濱海寺廟，其中最讓人印象深刻的，大概是位在懸崖頂端、下方有浪花不斷拍打的烏魯瓦圖寺（Pura Luhur Uluwatu），這裡也是觀賞落日的最佳景點。別忘了到島上海拔最高也最神聖的阿貢火山（Mount Agung），探訪峇里的百沙基母廟（Mother Temple of Besakih），欣賞與寺廟相稱的絕色美景。經過這些攀登行程後，想提振一下精神的話，就好好利用峇里島另一項聞名四方的服務——雙人爪哇

行程規畫

住宿 • 科莫香巴拉屋苑（Como Shambhala）有許多設備豪華的獨棟別墅，散步在多霧的神聖河谷（警告：還有許多會從水果籃裡偷東西的猴子）。這裡的水療也相當出名，許多療程是在綠意環繞的涼亭進行。
comohotels.com

按摩，保證讓你幸福滿溢。

泰國考拉海灘

　　安達曼海（Andaman Sea）身為古代的貿易走廊，千年來一直有商船往返，不過，這裡的海岸線蘊藏著遠比絲綢和香料還珍貴許多的寶藏：地球上最浪漫的海灘。這些白色的沙地總稱為考拉海灘（Hat Khao Lak），背景襯著蓊鬱的山丘，前方是碧綠色的清澈海水，瀰漫著無數夢想成真的潛能。

　　來這旅行可以考慮以下幾種行程：搭乘傳統的泰式長船，穿梭點綴在攀牙灣（Phang Nga Bay）碧綠色海域間的喀斯特島嶼；騎大象和划獨木舟穿越考索國家公園（Khao Sok

National Park）；或是在可愛的村落逛市集和茶館。然而，不管這趟考拉海灘探險之旅把你帶到哪去，光是在恬靜的海灘放鬆，什麼都不做，就已經是很美好的回憶。

行程規畫

住宿●薩羅晉度假村位在滿是綠意造景的海邊，由一群自稱「想像工程師」（imagineers）的酒店人員，打造令你瞠目結舌的私人體驗。這裡有眾多行程可供選擇，像是星空夜泳，加上在附近叢林點滿燭光的瀑布共享雙人晚餐、河畔的雙人泰式料理課程，或是在傍晚搭船去欣賞當地最棒的落日景緻，當然美景就要配美酒，那裡還有香檳等著你品嚐。
sarojin.com

在泰國薩羅晉度假村（Sarojin resort）泳池旁裝著簾子的海邊小屋，享受不受打擾的時光。

里約熱內盧

陽光、海洋、白沙與森巴

里約熱內盧不用刻意，也能輕易令訪客心醉神迷。在眾多觀察到這個現象的人當中，歌手貝瑞·懷特（Barry White）捕捉到了它的精髓：「不論白天還是黑夜，一切都如此生氣勃勃……令人瞠目結舌。」你大概可以想像火力全開的里約，在每年2月嘉年華會期間的樣貌：熱血沸騰的音樂、由亮片點綴的街頭派對、一杯接一杯的卡琵莉亞雞尾酒（caipirinhas），以及爭相展開的火辣熱吻，更別說這裡有全世界數一數二美麗的雨林、山脈和海灘。就算不是在嘉年華會期間造訪，這些名聲遠播的海灘一樣人潮洶湧。別忘了北半球的冬季正值巴西的夏季，你應該會花不少時間游泳，還得造訪伊帕內瑪海灘（Ipanema）、科帕卡瓦納（Copacabana）與芭拉達蒂如卡（Barra da Tijuca）。

還有什麼精彩行程嗎？記得去鋪著波浪圖案瓷磚的海濱步道散步，沿途點杯新鮮椰子汁。務必記得造訪紅海灘（Praia Vermelha），它的特別之處，在於沙子是淡紅色而不是一般的雪白色，你還可以搭纜車上糖麵包山（Sugarloaf Mountain）欣賞里約得天獨厚的絕色風景。

左上圖：即將回家的衝浪客與伊帕內瑪海灘的落日。中上圖：可在嘉年華期間造訪，參與生氣蓬勃的慶祝活動，欣賞裝飾著羽毛的鮮豔服裝。右上圖：法薩諾酒店（Fasano hotel）的豪華套房。

搭乘纜車從糖麵包山到紅海灘，雙向都會在中間停一站烏卡山（Morro da Urca，海拔約220公尺）。

行程規畫

住宿．住在法薩諾酒店，你也可以成為「伊帕內瑪姑娘」（或少年）。這間酒店由菲利浦．史塔克（Philippe Starck）設計，對街就是名聲赫赫的伊帕內瑪海灘，裡頭的復古制服與還原50年代的家具，喚醒記憶中的巴薩諾瓦黃金時代──里約歷史中最多故事也最浪漫的時期之一。你可以預訂遠眺海灘的房間，不管是躺在床上欣賞還是從陽臺，都能看到美麗的海景。為了讓你有型有款地走上沙灘，酒店還提供由大師奧斯卡．梅采瓦特（Oskar Metsavaht）設計的人字拖。
fasano.com.br

美食．滿是綠意造景的Aprazível餐廳位在山頂，不但有露臺小屋可欣賞里約與瓜納巴拉灣（Guanabara Bay）的風景，還提供改良過的泛巴西菜色（試試烤棕櫚心佐青醬、羅勒與腰果）。到了夜晚，在水晶燈與蠟燭照耀下，充滿巨嘴鳥的花園變得魔幻非凡。
aprazivel.com.br

娛樂．用悠閒的方式，登上里約最高峰，一睹最具代表性的救世基督像！你可以搭乘齒軌火車上山，基督像在建造時，就是靠這些火車載運物資上駝背山（Corcovado Mountain）。除了感受一點歷史風情，你還會經過奇久卡國家公園（Tijuca Park），這座大規模的都市森林保證令人驚嘆連連。
tremdocorcovado.rio

瑞典
尤卡斯耶爾維
冰上假期

瑞典基魯那（Kiruna）
附近森林上空被極光照亮。

讓

兩人的戀情冰凍一陣子，聽起來不怎麼浪漫，但如果是在尤卡斯耶爾維這種極區，那又另當別論，冰雪最能讓感情升溫。來到這裡當然要住冰旅館，這個城鎮只有550位居民，市中心就一條街，又位在北極圈北方約200公里處，冰旅館是唯一的娛樂。尤卡斯耶爾維這個世界第一座冰旅館，誕生於公元1989年，之後每年冬季都會重建，旅館的建築群往四周延伸，保證令你驚喜連連。整個體驗的目的就是要讓戀人盡情享受，而且超乎預期，把北極光也算進去的話，更是不虛此行。沒錯，你很有可能會看到北極光，畢竟冬季是極光高峰期，尤卡斯耶爾維又是熱門的觀賞地點。雖然不保證一定看得到，但你可以安排各種賞極光的行程。想要簡單一點，就請酒店在極光秀時叫你起床，或是展開極光雪地摩托車之旅，也能請這一區著名的雪橇狗來助陣，來一趟「哈士奇雪橇遠征」。

你也可以順道繞去阿比斯庫國家公園（Abisco National Park）的極光天空站，只要90分鐘的路程就到了。由於這裡終年晴朗無雲，據說是世界上最理想的賞極光之地。即便已經看過極光，這座國家公園還是值得一訪，你可以穿

尤卡斯耶爾維（Jukkasjärvi）的木造小教堂為白雪覆蓋的景致，帶來強烈的色彩。

上超溫暖的「賞極光連身服」，用毛毯把自己包得緊緊的，坐著升降椅一路登上天空站，登頂後就能一覽有史以來最璀璨的夜空。如果想體驗破錶的浪漫，就預訂有四道佳餚的北歐晚餐，最後以馴鹿肉排和當地出產的酒收尾。

來到這裡，並不是所有活動都在夜晚進行。白天回到尤卡斯耶爾維，可以騎著冰島馬進入探索松樹林，這片狹長的原野常被比喻為納尼亞，確實也滿像的。你也可以嘗試越野滑雪、上冰雕課，或是學攝影，嘗試拍出技術門檻很高的壯麗夜空照片。其它推薦行程還有去原住民的薩米（Sami）社區探險，逛逛博物館，或是搭乘傳統的馴鹿雪橇。

尤卡斯耶爾維本身也很值得一訪，小鎮的主要道路很適合來一趟短短的散步。這趟自我導覽之旅的唯一官方景點，是17世紀的木造薩米教堂。這座教堂是拉普蘭（Lapland）地區現存最古老的禮拜堂，裡頭有一座用白樺樹與馴鹿角做成的風琴。

如果這座教堂讓你對兩人的未來有了想法，冰旅館也有一間舒適得不得了的冰教堂，你可以在這裡安排求婚，或是重新交換誓言。如果已經做好準備了，甚至可以在這裡舉行婚禮。

不管在這趟旅程中，你選擇展開甚麼樣的冒險，是在夜空下或室內華麗的冰床上，你和另一半都會因為環境使然而愈來愈親密。說真的，在這裡依偎的次數會是畢生之最，你可能想都沒想過，抱在一起發抖也能如此浪漫。

在冰旅館的冰屋前交換誓言。

行程規畫

住宿 ● 冰旅館有「冷房」（冰造）和「暖房」（傳統非冰造）可以選擇，最理想是兩者結合（多數人都覺得在冰上過一夜就夠了）。這裡的冰造客房每間都不一樣，有的是鋪動物毛皮的簡單雪房或冰房、有的是超大間豪華藝術套房，不但有柔軟的床墊，還有私人更衣室，有的則號稱（至少在冰旅館界來說）是頂級奢華套房，擁有專屬的浴室和蒸汽室。
icehotel.com

美食 ● 荒野餐館（Wilderness Dinner）位在冰旅館的衛星原野營地。在小屋內享用完迎賓飲料與多道菜餚的大餐後，可以舒舒服服地躺在馴鹿毛皮上，觀賞星光點點（可能還有極光照亮）的極地夜空。隨後會送上甜點和咖啡，還會載你返回冰造城堡。

娛樂 ● 學瑞典人一樣，在冰旅館的園區泡個蒸汽浴！蒸汽浴儀式共有十個步驟，其中之一是跳進河裡（冰旅館的冰磚來源），還有一個沒那麼刺激的步驟，就是浸泡在以木柴加熱的露天浴池裡。

Cover, PlusONE/Shutterstock; Back cover, Mike Toy/Petit St. Vincent Private Island Resort/ National Geographic Unique Lodge of the World; Back flap, Peter Ardito/Meredith Corporation; 1, Courtesy of Gritti Palace Hotel/Starwood; 2-3, Courtesy of The Kingdom of Bhutan; 4, Justin Reznick Photography/Getty Images; 6, SIME/ eStock Photo; 7, Samoa Tourism/David Kirkland; 9, Lucas Vallecillos/VWPics/Redux; 10-11, Adam Zoltan/Getty Images; 12 (LE), Dagmar Schwelle/ laif/Redux; 12 (CTR), Krista Rossow; 12 (RT), Courtesy of Raffles Hotels & Resorts; 13, Julian Elliott Photography/Getty Images; 14-15, SIME/ eStock Photo; 16, Huber/Sime/eStock Photo; 17, Hendrik Holler/LOOK-foto/Getty Images; 18 (LE), Sandra Jordan/TandemStock.com; 18 (CTR), Courtesy of La Maison Arabe; 18 (RT), fafou/Getty Images; 19, Krista Rossow; 20-21, Karol Kozlowski/Getty Images; 22, Courtesy of Royal Mansour; 23, Dominique Charriau/Getty Images; 24-5, Johnny Haglund/Getty Images; 26, Layne Kennedy/Getty Images; 27, Al Argueta/Alamy Stock Photo; 28 (LE), SIME/eStock Photo; 28 (CTR), Sean Pavone/Getty Images; 28 (RT), Tetra Images/Getty Images; 29, Sean Pavone/Getty Images; 30-31, Luca Vaime/Alamy Stock Photo; 32, Krista Rossow; 33, Courtesy of The Ritz- Carlton, Kyoto; 34 (LE), Bill Hogan/Chicago Tribune/MCT/Getty Images; 34 (CTR), freemixer/ Getty Images; 34 (RT), DEA/P. Dalmasso/Getty Images; 35, Westend61/Getty Images; 36-7, Tyson Sadlo, Courtesy Belmond Hotel Splendido; 38, Maremagnum/Getty Images; 39, Stefano Amantini/Getty Images; 40-41, Laurie Chamberlain/Getty Images; 42, Christopher Futcher/Getty Images; 43, Courtesy of The St. Regis Princeville Resort; 44 (LE), SIME/eStock Photo; 44 (CTR), Dukes Hotel; 44 (RT), Courtesy

of The Langham, London; 45, SIME/eStock Photo; 46 (LE), Portra/Getty Images; 46 (CTR), Gerald Haenel/laif/Redux; 46 (RT), Krista Rossow; 47, Monica Gumm/laif/Redux; 48-9, Krista Rossow; 50, SIME/eStock Photo; 51, Courtesy of Leeu Collection; 52-3, LOOK Die Bildagentur der Fotografen GmbH/Alamy Stock Photo; 54, JTB Photo/Getty Images; 55, Courtesy of Longitude 131°; 56 (LE), SteveFrid/Getty Images; 56 (CTR), StphaneLemire/Getty Images; 56 (RT), pominova/ Getty Images; 57, Westend61/Getty Images; 58 (LE), Courtesy of Explora Atacama; 58 (CTR), Joel Sartore/National Geographic Creative; 58 (RT), Westend61/Getty Images; 59, Alex Saberi/Getty Images; 60-61, Richard Nowitz/Getty Images; 62, Sara Winter/Getty Images; 63, Ben Pipe Photography/Getty Images; 64-5, Courtesy of Le Méridien Hotels & Resorts; 66-7, Jim Richardson/ National Geographic Creative; 68, TravelCollection/Alamy Stock Photo; 69, Jim Richardson/National Geographic Creative; 70 (LE), Vasileios Economou/Getty Images; 70 (CTR), Olgaorly/Getty Images; 70 (RT), javarman/ Shutterstock; 71, marchello74/Getty Images; 72-3, AGF Srl/Alamy Stock Photo; 74, SIME/eStock Photo; 75, Dimitri Otis/Getty Images; 76-7, Kyslynskyy/Getty Images; 78, Courtesy of Volcanoes Safaris; 79, Courtesy of Volcanoes Safaris; 80-81, Courtesy of Fairmont Hotels & Resorts; 82, Cyril Ruoso/Minden Pictures/Getty Images; 83, Krista Rossow; 84 (LE), Lou Jones/ Getty Images; 84 (CTR), Courtesy of Rocco Forte Hotels; 84 (RT), romanevgenev/Getty Images; 85, yulenochekk/Getty Images; 86-7, 2630ben/Getty Images; 88, Courtesy of Tongabezi Lodge; 89, Krista Rossow; 90-91, by wildestanimal/Getty Images; 92, M. Gebicki/Getty Images; 93, Frans Lanting/National Geographic Creative; 94-5,

Marko Stavric Photography/Getty Images; 96, tororo reaction/Shutterstock; 97, David Kirkland/ Getty Images; 98 (LE), lawrencetfay/Getty Images; 98 (CTR), Courtesy of White Barn Inn; 98 (RT), Robbie George/Getty Images; 99, DACowley/ Getty Images; 100-101, EJ-J/Getty Images; 102, Hannele Lahti/National Geographic Creative; 103, Walter Bibikow/Getty Images; 104 (LE), Jad Davenport/National Geographic Creative; 104 (CTR), gaborbasch/Getty Images; 104 (RT), Courtesy of andBeyond; 105, Courtesy of andBeyond; 106-107, Ron Erwin/Getty Images; 108, Alex Fradkin; 109, age fotostock/Alamy Stock Photo; 110-11, Michel Cavalier/hemis.fr/ Getty Images; 112, nobleIMAGES/Alamy Stock Photo; 113, Maremagnum/Getty Images; 114-15, Jon Arnold/Getty Images; 116, Courtesy of Chateau Eza; 117, Werner Dieterich/Getty Images; 118 (LE), silverjohn/Getty Images; 118 (CTR), Ralf Brunner/laif/Redux; 118 (RT), Courtesy of Adriatic Luxury Hotels; 119, SIME/eStock Photo; 120-21, Christian Kober/Getty Images; 122, anshar/Shutterstock; 123, Courtesy of Adriatic Luxury Hotels; 124-25, Krzysztof Baranowski/Getty Images; 126, Ainara García Azpiazu/Getty Images; 127, Gonzalo Azumendi/ laif/Redux; 128 (LE), Richard Cummins/Getty Images; 128 (CTR), Cultura RM Exclusive/Matt Dutile/Getty Images; 128 (RT), dask side of pink/ Shutterstock; 129, Wolfgang Kaehler/Getty Images; 130-31, Andreas Hub/laif/Redux; 132, Oliver Hoffmann/Getty Images; 133, Franz Marc Frei/LOOK-foto/Getty Images; 134 (LE), John W Banagan/Getty Images; 134 (CTR), Courtesy of Banyan Tree Hotels and Resorts; 134 (RT), toiletroom/Shutterstock; 135, Simon Montgomery/robertharding/Getty Images; 136-7, f11photo/Shutterstock; 138, Courtesy of Banyan

Tree Hotels and Resorts; 139, Courtesy of Banyan Tree Hotels and Resorts; 140-41, Fesus Robert Levente/Getty Images; 142 (LE), Fuse/Getty Images; 142 (CTR), Baloncici/Getty Images; 142 (RT) Baloncici/Getty Images; 143, Grant Faint/Getty Images; 144-5, Aurora Photos/Alamy Stock Photo; 146, Kodiak Greenwood, courtesy of Post Ranch Inn; 147, Aurora Photos/Alamy Stock Photo; 148 (LE), Michael Melford/National Geographic Creative; 148 (CTR), Modrow/laif/Redux; 148 (RT), Bartosz Hadyniak/Getty Images; 149, Roberto A. Sanchez/Getty Images; 150-51, Jan Skwara/Getty Images; 152, scorpp/Getty Images; 153, Courtesy of Taj Hotels Resorts and Palaces; 154-5, Reynold Mainse/Design Pics/Getty Image; 156, Courtesy of Isrotel Hotel Chain; 157, FedevPhoto/Getty Images; 158 (LE), Krista Rossow; 158 (CTR), Krista Rossow; 158 (RT), Clay McLachlan/Getty Images; 159, Krista Rossow; 160-61, Huber/Sime/eStock Photo; 162, Krista Rossow; 163, Andrew Bain/Getty Images; 164-5, Lucas Vallecillos/VWPics/Redux; 166, Courtesy of Four Seasons Hotel Prague; 167, Jan Sagl/Anzenberger/Redux; 168-9, gehringj/Getty Images; 170, Tim E White/Getty Images; 171, SIME/eStock Photo; 172-3, Courtesy of Castello di Casole—A Timbers Resort; 174, sorincolac/Getty Images; 175, Sofie Delauw/Getty Images; 176 (LE), Courtesy of COMO Hotels and Resorts; 176 (CTR), narvikk/Getty Images; 176 (RT), Ira Block/National Geographic Creative; 177, Wes Walker/Getty Images; 178-9, Courtesy of COMO Hotels and Resorts; 180, narvikk/Getty Images; 181, narvikk/Getty Images; 182-3, Peter Zelei Images/Getty Images; 184, Cortyn/Shutterstock; 185, Jonathan Smith/Getty Images; 186 (LE), Izabela Habur/Getty Images; 186 (CTR), Courtesy of Inkaterra Hotels; 186 (RT), Bartosz Hadyniak/Getty Images; 187, traveler1116/Getty Images; 188-9, Cultura RM Exclusive/Philip Lee Harvey/Getty Images; 190, YinYang/Getty Images; 191, Courtesy of Inkaterra Hotels; 192 (LE), Rudy Balasko/Shutterstock; 192 (CTR), James T. Murray/Courtesy of Gramercy Park Hotel; 192 (RT), Steve Prezant/Getty Images; 193, espiegle/Getty Images; 194-5, SIME/eStock Photo; 196, Jason Loucas/Qualia Resorts; 197, Emmanuel Valentin/Getty Images; 198-9, Courtesy of Badrutt's Palace Hotel; 200-201, Jeffrey B. Banke/Shutterstock; 202, Wild-Places/Getty Images; 203, Courtesy of Blanket Bay; 204 (LE), Palani Mohan/Getty Images; 204 (CTR), ferrantraite/Getty Images; 204 (RT), Palani Mohan/Getty Images; 205, Peter Adams/Getty Images; 206-207, Michelle Chaplow, courtesy of Oberoi Hotels & Resorts; 208, Nikada/Getty Images; 209, Photo by Prasit Chansareekorn/Getty Images; 210 (LE), Courtesy of Badrutt's Palace Hotel; 210 (CTR), Courtesy of Badrutt's Palace Hotel; 210 (RT), Prisma Bildagentur AG/Alamy Stock Photo; 211, Alessandro Colle/Shutterstock; 212 (LE), BlueOrange Studio/Shutterstock; 212 (CTR), Paul Sutherland/National Geographic Creative; 212 (RT), AWL Images/Getty Images; 213, Courtesy of Jumeirah Hotels & Resorts; 214-15, brandtbolding/Getty Images; 216, BorisVetshev/Shutterstock; 217, Tony Anderson/Getty Images; 218-19, windjunkie/Getty Images; 220, Courtesy of Fairmont Hotels & Resorts; 221, Courtesy of Fairmont Hotels & Resorts; 222-3, Courtesy of Cheval Blanc; 224, Richard I'Anson/Getty Images; 225, Courtesy of Cheval Blanc; 226-7, Courtesy of Jade Mountain; 228, Cultura RM Exclusive/Russ Rohde/Getty Images; 229, Nature Picture Library/Alamy Stock Photo; 230 (LE), Eurasia Press/Getty Images; 230 (CTR), Martin Froyda/Shutterstock; 230 (RT), Juergen Sack/Getty Images; 231, Michael Thaler/Shutterstock; 232-3, Mark Titterton/Alamy Stock Photo; 234, Achim Thomae/Getty Images; 235, imageBROKER/Alamy Stock Photo; 236-7, sergwsqr/Getty Images; 238, Ignazio Sciacca/laif/Redux; 239, Courtesy of Aman; 240-41, Mon Corpuz Photography/Getty Images; 242, Kevin Miller/Getty Images; 243, Courtesy of The Sarojin; 244 (LE), luoman/Getty Images; 244 (CTR), Buda Mendes/Getty Images; 244 (RT), Courtesy of Hotel Fasano Rio de Janeiro; 245, Nikada/Getty Images; 246-7, Dave Moorhouse/Getty Images; 248, Ragnar Th. Sigurdsson/Getty Images; 249, Asaf Kliger/www.icehotel.com; 251, Courtesy of Southern Ocean Lodge/National Geographic Unique Lodge of the World.

Page 104: Lyric from "Mozambique" by Bob Dylan. © 1975 by Ram's Horn Music; renewed 2003 by Ram's Horn Music. Reprinted by permission.

作者介紹

艾比‧科左契克是一位得獎作家暨專業旅遊編輯，撰稿刊物包括《漫旅》（Travel + Leisure）、《國家地理旅行家》、《富比世旅行家》、《康泰納什旅行家》等雜誌，以及World Hum旅遊網站；作品曾六度入選《最佳女性旅遊寫作》（The Best Women's Travel Writing）系列文集。

國家地理終極旅遊
全球50大浪漫旅遊體驗

作　　者：艾比·科左契克
翻　　譯：賈可迪、邱思潔
主　　編：黃正綱
責任編輯：蔡中凡、王湘俐
文字編輯：許舒涵
美術編輯：謝昕慈
行政編輯：秦郁涵

發 行 人：熊曉鴿
總 編 輯：李永適
印務經理：蔡佩欣
美術主任：吳思融
發行經理：林佳秀
發行主任：吳雅馨

出 版 者：大石國際文化有限公司
地　　址：台北市內湖區堤頂大道二段181號3樓
電　　話：(02) 8797-1758
傳　　真：(02) 8797-1756
印　　刷：群鋒企業有限公司

2017年（民106）2月初版
定價：新臺幣650元／港幣217元
本書正體中文版由National Geographic Partners, LLC.授權
大石國際文化有限公司出版
版權所有，翻印必究
ISBN：978-986-94378-0-6(精裝)
＊ 本書如有破損、缺頁、裝訂錯誤，
請寄回本公司更換

總代理：大和書報圖書股份有限公司
地　　址：新北市新莊區五工五路2號
電　　話：(02) 8990-2588
傳　　真：(02) 2299-7900

國家地理學會是全球最大的非營利科學與教育組織之一。在1888年以「增進與普及地理知識」為宗旨成立的國家地理學會，致力於激勵大眾關心地球。國家地理透過各種雜誌、電視節目、影片、音樂、無線電臺、圖書、DVD、地圖、展覽、活動、教育出版課程、互動式多媒體，以及商品來呈現我們的世界。《國家地理》雜誌是學會的官方刊物，以英文版及其他40種國際語言版本發行，每月有6000萬讀者閱讀。國家地理頻道以38種語言，在全球171個國家進入4億4000萬個家庭。國家地理數位媒體每月有超過2500萬個訪客。國家地理贊助了超過1萬個科學研究、保育，和探險計畫，並支持一項以增進地理知識為目的的教育計畫。

國家圖書館出版品預行編目（CIP）資料

國家地理終極旅遊　全球50大浪漫旅遊體驗
艾比·科左契克 作；賈可迪、邱思潔 翻譯.
-- 初版. -- 臺北市：大石國際文化，民106.2
252頁；20 × 20公分
譯自：The World's Most Romantic destinations
ISBN 978-986-94378-0-6(精裝)

1.旅遊 2.世界地理

719　　　　　　　　　　　　　106001168